Hildegard Hamm-Brücher

Und dennoch ...

Hildegard Hamm-Brücher

Und dennoch …

Nachdenken über
Zeitgeschichte –
Erinnern für die Zukunft

Siedler

Bildnachweis

S. 39 Presse- und Informationsamt der Bundesregierung/Bundesbildstelle, S. 48 Andreas Heddergott, München; S. 144 ddp images/AP/Roberto Pfeil. Trotz intensiver Recherche konnten nicht alle Rechteinhaber der Abbildungen ermittelt werden; deren Urheberrechte werden hiermit vorsorglich und ausdrücklich anerkannt.

Verlagsgruppe Random House FSC-DEU-0100
Das für dieses Buch verwendete
FSC®-zertifizierte Papier *Munken Premium* liefert
Arctic Paper Munkedals AB, Schweden.

Erste Auflage
April 2011

Umschlaggestaltung: Rothfos + Gabler, Hamburg
Lektorat: Regina Carstensen, München
Satz: Ditta Ahmadi, Berlin
Druck und Bindung: GGP Media GmbH, Pößneck
Printed in Germany 2011
ISBN 978-3-88680-985-1

www.siedler-verlag.de

Inhalt

Vorwort

Am Ende meines neunten Lebensjahrzehnts möchte ich noch einmal zurückblicken. Nicht in Form einer Autobiographie oder einer Beschreibung von historischen Abläufen, sondern als politische Zeugin meiner Lebenszeit seit 1945. Es ist eine lange Wegstrecke, in der ich die Ereignisse und Prozesse in Deutschland seit der Befreiung von der nationalsozialistischen Diktatur als Beteiligte miterlebt habe, also ein Zeitraum von über fünfundsechzig Jahren. Er beginnt mit dem Ende des Krieges und der Teilung Deutschlands in vier Zonen und endet mit der Wiedervereinigung und der vollständigen Souveränität. Entscheidend war für mich, zu erleben, wie unsere Demokratie, die zunächst von den westlichen Siegermächten angeordnet, mit steigendem Wohlstand jedoch akzeptiert, zu guter Letzt angenommen wurde und aus eigenen Kräften Gestalt annahm. Von Anfang an nahm ich daran aktiv und engagiert teil, eine brave Mitläuferin war ich nie. Nun möchte ich auf diese Stationen noch einmal zurückblicken. Es ist also eine Art Spätlese.

Dafür habe ich mehrere Gründe. So habe ich in der Nach-Hitler-Zeit Erfahrungen gesammelt, die meiner Meinung nach für die politische Bewusstseinsbildung kommender Generationen wissenswert sind. Es sind Erfahrungen über unsere Demokratiewerdung auf den Trümmern der Nazi-Diktatur, über die langwierige und schwierige Abkehr von Obrigkeitsstaat und traditioneller Untertanengesinnung. Dies schließt auch die Auseinandersetzung mit der Hitler-Diktatur ein, die mit einer überwiegend missglückten Entnazifizierung sowie einer verzögerten, teilweise unzulänglichen Wiedergutmachung der Opfer des nationalsozialistischen Terrors verbunden ist. Aus eigenem Erleben schildere ich die Ursachen für Versäumnisse und Verspätungen bei überfälligen Reformen, insbesondere in der Bildungs- und Gesellschaftspolitik, und als ehemaliges FDP-Mitglied habe ich etliche Stationen des Glanzes und Elends des politischen Liberalismus miterlebt. Auch beschäftigten und beschäftigen mich noch immer die Probleme anlässlich der Wiedervereinigung des vierzig Jahre geteilten deutschen Staates; und nicht zuletzt kann ich auch auf sechs Jahrzehnte Politik als Frauenberuf zurückblicken, in denen sich in jeder Hinsicht viel getan hat.

All das sind Erfahrungen und Entwicklungen, die ich gegen Geschichtsvergessenheit, ja Geschichtslosigkeit setzen möchte. Diese, unsere Geschichtsvergessenheit halte ich nicht nur bei nachwachsenden, sondern auch bei in Verantwortung stehenden Generationen für besorgniserregend: Immer mehr Deutsche wissen immer weniger von historischen Geschehnissen der jüngsten Vergangenheit, weshalb es ihnen auch nicht möglich ist, zu beurteilen, wie diese im gegenwärtigen und künftigen politischen Geschehen weiterwirken. Besonders ist das der Fall, wenn es die dunkelsten Kapitel unserer Vergangenheit betrifft, die oftmals unterschwellig fortwirken. Diese Geschichtsvergessenheit wird wahrscheinlich dann weiter zunehmen, wenn die letzten Zeugen der Nazizeit gestorben sind und ihre mahnende Erinnerung verstummt.

Meine zeitgeschichtliche Rückschau will dagegenhalten. Sie erfolgt als pragmatisch-politische Berichterstattung, nicht als wissenschaftliche Aufarbeitung, und ist nur dann biographisch, wenn es zur Thematik gehört. Sie soll informieren und aufklären, aber auch Wertungen einer freischaffenden liberalen Politikerin anbieten.

Damit möchte ich Interesse für die Vorgeschichte von aktuellen politischen Zusammenhängen wecken, wenn es etwa um das Wiederaufleben von Rechtsextremismus, Rassismus und Antisemitismus geht. Ein weiteres Thema ist die aktuell grassierende Politik(er)- und Demokratieverdrossenheit, die eine erschreckende Entfremdung zwischen Gesellschaft und demokratischen Institutionen zur Folge hat. Gemeint sind damit Parteien und Parlamente. Diese Verdrossenheit ist nicht »vom Himmel gefallen«, sondern Ergebnis einer traditionellen Abneigung der Deutschen gegen Parteien und demokratische Prozesse, die neuerlich wieder stärker aufgebrochen ist. Nur wenn man diese bedenkliche Entwicklung und ihre Wurzeln erkennt, kann sie überwunden werden. Das gilt ebenso für das notwendige Fingerspitzengefühl in internationalen Beziehungen. Ich greife hier den Nahost-Konflikt als Beispiel heraus: Um zu verstehen, weshalb die Erinnerungen an den Holocaust und die Nazi-Verbrechen in der westlichen Welt weiterschwelen und gelegentlich von Neuem aufbrechen, ist es erforderlich, diese Zusammenhänge zu kennen.

Zudem möchte ich mit meinen Berichten aber auch einen Beitrag für die Zukunft einer *Erinnerungskultur* leisten. Es genügt nicht, Gedenkstätten zu errichten oder Gedenktage zu zelebrieren, damit die einstigen Katastrophen nicht vergessen werden. Mein Wunsch ist es, dass kommende Generationen sich unseres wechselvollen zeitgeschichtlichen Erbes bewusst werden – und zwar bevor es verblasst und es zu Rückfällen kommen kann. Dafür ist es wichtig, die Irrwege und Irrtümer unserer Vergangenheit zu kennen, so wie es der deutsch-jüdische Kulturphilosoph Karl Popper auf die Frage nach dem Sinn der Geschichte formuliert hat: Der Sinn bestünde darin, aus ihren Irrtümern dauerhaft zu lernen. Meiner Meinung nach sind Politik und Geschichte nicht voneinander zu trennen: Politik bedarf immer auch geschichtlicher Bezüge, und Geschichte ist zugleich das Ergebnis von Politik – und somit verpflichtender Lernstoff.

Gelingen kann dies jedoch nur, wenn man die entsprechenden Fehler kennt und benennt, und auch dazu möchte ich mit meinen Berichten ein Scherflein beitragen. Nicht weil ich ein ausgeprägtes Sendungsbewusstsein hätte oder auf politischer Besserwisserei bestehe, sondern weil für mich das »Dennoch-Sagen« – im Sinne Max Webers – trotz aller Aufs und Abs im eigenen Lebenslauf als Prüfstein für Politik als Lebensberuf unverzichtbar ist.

Schließlich möchte ich, gemäß meiner persönlichen Befindlichkeit, noch einen weiteren Grund für meine Erfahrungsberichte hinzufügen: Viel zu lange war Politik ausschließlich Sache von Männern, auch war es ihr Privileg, sie zu deuten. Da nun aber zum Glück Frauen begonnen haben, sich politisch einzumischen, ist auch die Interpretation ihrer Sichtweise unverzichtbar geworden. Auch dazu möchte ich beitragen, dass künftig nicht nur Männer, sondern auch Frauen ihre zeitgeschichtlichen Erfahrungen, selbst wenn sie kritischer Art sind, aufarbeiten.

Insgesamt war ich achtunddreißig Jahre Volksvertreterin mit einem Mandat, das ich erstmals 1948, als Stadtratskandidatin der Münchner FDP, errungen habe: Davon war ich zweiundzwanzig Jahre Abgeordnete im Bayerischen Landtag, vierzehn Jahre im Deutschen Bundestag, elf Jahre Mitglied von Regierungen, davon fünf Jahre Staatssekretärin für Bildung und Wissenschaft in Hessen und Bonn und sechs Jahre Staatsministerin im Auswärtigen Amt. Dies ist meine Legitimation für die Behauptung, dass ich unsere repräsentative Demokratie »von der Pike auf« kennengelernt habe und über ihren Ist-Zustand Rechenschaft abzulegen vermag. Dazu sollen auch die im Anhang beigefügten vier Texte beitragen, die ich aus ungezählten ausgewählt habe, weil sie wichtige Stationen in meiner politischen Lebensbilanz belegen.

Dabei bin ich mir bewusst, dass gerade ein neues politisches, technologisches und demographisches Zeitalter anbricht, das uns und unsere Demokratien im Westen und vor allem in Europa vor neue Herausforderungen und Bewährungsproben stellt.

Demokratie und Freiheit
sind lebensgestaltende Werte.

*Als der Krieg zu Ende ging –
auf dem Weg in die Freiheit.*

Über Glück und Enttäuschungen
der ersten Nach-Hitler-Zeit

Als der Krieg 1945 zu Ende ging, war ich knapp vierundzwanzig Jahre alt. Eine junge Frau, die nach zwölf Jahren vielfacher Drangsal, Diskriminierungen und Gefährdungen durch die Nürnberger Rassengesetze endlich ein angstfreies Leben führen konnte. Welch ein Glück! Es wurden keine Bomben mehr abgeworfen, es gab kein Blutvergießen mehr und – fast symbolisch – keine Verdunkelung. Ich spürte die Vorfreude, was es heißt, von nun an fröhlich und zuversichtlich sein zu dürfen. Ich hatte überlebt, und darüber waren alle Nachkriegsnöte, Trümmer und Mängel leicht zu ertragen. Nie wieder in meinem Leben, ausgenommen bei der Geburt meiner beiden Kinder, war ich so glücklich und dankbar wie nach der Befreiung durch die Sieger.

Große Sorgen machte ich mir nur um meine beiden Brüder, die im thüringischen Zwangsarbeitslager Rositz inhaftiert waren. Ein Jahr zuvor hatte man sie dorthin gebracht. Auch ängstigte ich mich um einen Studienfreund, der in Stalingrad verschollen war und es für immer blieb. Meine Brüder kehrten erst Wochen nach Kriegsende ausgemergelt, aber tatenfroh zurück und holten ihre zwangsweise unterbrochene Schul- beziehungsweise Studienzeit nach.

Kriegsende in Starnberg

Mein eigenes Kriegsende erlebte ich Anfang Mai 1945 in Starnberg, wo ich, nachdem ich in München mehrfach ausgebombt worden war, mit den Resten meiner Habe ein kleines Zimmer mit einem Kachelofen bei einer fürsorglichen Schneidermeisterin bewohnte, die mich rührend mit Brennholz und Kartoffelsuppe versorgte und mir in ihrem Garten ein Gemüsebeet überließ. So hatte ich die Kriegsjahre physisch einigermaßen gut überstanden und sogar die Vorbereitung für mein mündliches Doktorexamen in Tag- und Nachtarbeit geschafft, allerdings mithilfe von kleinen Dosen des Aufputschmittels Pervitin, das von Luftwaffenpiloten zur Leistungs- und Konzentrationssteigerung eingenommen wurde.

Als die Amerikaner im Anmarsch auf Starnberg waren, besser gesagt ihre Panzer heranrollten, wurde vor unserem Haus in der Hanfelder Straße von »werwolfverpflichteten« Männern eine Panzersperre errichtet. (»Reichsführer SS« Heinrich Himmler hatte ab September 1944 sogenannte Werwolf-Kampftruppen aufstellen lassen, deren Aufgabe es war, Sabotageakte zu verüben.) Die bestand in diesem Fall aus einer aufgerissenen Straße und drei mageren Baumstämmen. Wir Anwohner bekamen von einer Werwolf-Führerin die Order, im Waschkessel heißes Wasser bereitzuhalten, um mit Hilfe einer Eimerkette bei der Einfahrt des Feindes, sollte er vor der Sperre stoppen, dieses oben in die Panzer zu schütten. Selbstverständlich dachten wir nicht daran, das zu tun. Auch waren die dünnen Baumstämmchen für die Panzer ohnehin kein Hindernis; es machte einen kleinen Knacks, und schon rollten sie ungestört in das nun mit weißen Betttüchern oder weiß-blau – also bayerisch – geflaggte Starnberg in Richtung Marktplatz. Dort spendierte der Bäcker für Sieger und Besiegte wässriges Eis und Roggenkekse ohne Brotmarken. Finis Germaniae!

Natürlich blieb es nicht bei diesem fast operettenartigen Kriegsende. In Starnberg nicht und auch nicht anderswo: Man beschlagnahmte Häuser, verhängte Sperrstunden, es gab Ausgehverbote. Nazis wurden verhaftet. Natürlich wollte keiner ein Nationalsozialist gewesen sein, und zu Juden hatte man sich immer freundlich verhalten! Die Nazizeit aber wollten – nicht nur die Starnberger – möglichst rasch vergessen. Schon in den nächsten Tagen erlebte ich erste Kostproben dieser Wandlung. Beschwingt schlenderte ich bei meinem ersten »Freigang« durch die vertrauten Straßen und bedachte alte Bekannte mit einem ungewohnten »Grüß Gott«. Weit und breit waren keine Braunhemden mehr zu sehen. Wo wohl die Wehrwolf-Führerin und ihre Mitstreiter geblieben waren?

Vor einem Lebensmittelgeschäft war eine kleine Menschenansammlung nicht zu übersehen. Ein Trüppchen ausgemergelter Gestalten in zerschlissener KZ-Kleidung drängte in den Laden und wurde von umstehenden Starnbergern ganz und gar nicht mitleidig begrüßt. »So ein Gesindel hat der Hitler ja wohl zu Recht eingesperrt« war noch der harmloseste Kommentar. Einige amerikanische Soldaten kamen den Ex-KZlern zu Hilfe und versorgten sie mit Candies. Ein paar Einheimische schämten sich für das Verhalten der Bevölkerung, jedoch nur wenige. Ähnliche Szenen gab es auch in anderen Gemeinden rund um den Starnberger See, wo die Güterzüge mit verelendeten Konzentrationslagerhäftlingen aus Dachau stehen geblieben waren. Die Eingepferchten erregten wenig Mitleid, von Unterstützung ganz zu schweigen.

Das Erschrecken hörte damit jedoch keineswegs auf. Als die ersten Berichte über die von den Alliierten befreiten Konzentrationslager bekannt wurden, schienen die Zustände, die dort geherrscht hatten, unfassbar zu sein: die Leichenberge, die Überlebenden, die am Verhungern waren, die Zustände in den Baracken, die Stätten der Qualen und Folter. Eigentlich hätte das allein genügen müssen, um die Bevölkerung ein für alle Mal vom Nationalsozialismus zu heilen. Doch es genügte nicht.

Noch Jahrzehnte später, als Bürger dieser Ortschaften eine Gedenkplakette für die Opfer dieser Barbarei gegen KZ-Häftlinge anbringen wollten, weigerte sich zum Beispiel in Seeshaupt jahrzehntelang eine Mehrheit der Gemeinderäte. Überhaupt: Den anfänglichen Beteuerungen, niemals ein Nazi gewesen zu sein, folgten wenige Beweise der Einsicht und der Bereitschaft zur Wiedergutmachung. Schon damals empfand ich dies als kein besonders ermutigendes Vorzeichen für eine aufrichtige Auseinandersetzung mit der Hitler-Diktatur. Wie würden wir Deutschen nun damit umgehen, fragte ich mich. Ehrliche Einsicht oder rasches Verdrängen?

Von meinem ersten »Freigang« ist noch der Besuch bei meinem Doktorvater Heinrich Wieland nachzutragen; eigentlich war es eine Suche. 1927 hatte er den Nobelpreis für Chemie erhalten, später wurde er Direktor des Chemischen Staatsinstituts der Ludwig-Maximilians-Universität in München. Wieland war einer der wenigen widerständigen Professoren, die den sogenannten »Nichtariern« geholfen hatten. Als 1943 Studenten des Widerstandskreises *Weiße Rose* verhaftet wurden, schützte er mich, bewahrte mich vor Verhören, vielleicht sogar vor Schlimmerem. Als Nobelpreisträger und »kriegswichtiger« Forscher auf dem Gebiet von Giftstoffen und Hormonen galt er als sakrosankt. Zwar wurde ich als »Halbjüdin« von der Universität zwangsexmatrikuliert, Wieland behielt mich aber sozusagen privat als Doktorandin und zahlte mir sogar ein kleines Stipendium, wahrscheinlich aus eigener Tasche. Auf diese Weise überstand ich weitere Nachprüfungen und konnte meine experimentelle Arbeit über Vitamine in Hefemutterlaugen abschließen, die zur Herstellung von Vitaminpräparaten wichtig waren.

Wenn es an jeder deutschen Universität nur eine Handvoll so integrer Wissenschaftler vom Schlage Wielands gegeben hätte, so wären diese vormaligen Elite-Einrichtungen keine so willigen Vollstrecker von Hitlers Wissenschafts- und Hochschulpolitik geworden. Wielands Institut ist immer eine Oase der Anständigkeit geblieben, und ich hatte das große Glück, dort studieren und überleben zu dürfen. Aus Dankbarkeit und Anhänglichkeit hatte ich Starnberg zu meinem Ausweichquartier gemacht, denn dort hatte Wieland sein Sommerhaus.

Nun also stand ich vor seinem Haus in der Schießstättstraße, aus dem Jazzmusik und Gelächter dröhnte. Der Zugang war abgesperrt, und auf meine in holprigem Schulenglisch formulierte Frage, wo denn der Professor sei, deutete ein GI mit dem Daumen die Treppe hinunter: »*The old man? Downstairs!*« Ja, dort saß der couragierte alte Herr im Kohlenkeller mit seiner Frau und wartete darauf, von seinen Kindern abgeholt zu werden, da man sein Haus konfisziert hatte. Zum ersten Mal seit ich ihn kannte begrüßte er mich mit einem sarkastisch-humorigen »Heil Hitler, Fräulein Brücher«. Nach einer Schrecksekunde lachten wir schallend, und ich versuchte den amerikanischen Soldaten radebrechend zu erklären, dass *the old man* ein weltberühmter Nobelpreisträger sei, ein mutiger Anti-Nazi, der zudem am Grünen Star leide und äußerst gebrechlich sei. Das beeindruckte sie zwar nicht besonders, doch Wieland konnte alsbald zu seinen Kindern ziehen, bis sein Haus wieder freigegeben wurde. Hier hatte es wirklich den Falschen getroffen.

Erste Ernüchterung

Das Kriegsende wurde von den Deutschen höchst unterschiedlich erlebt. Wie jedoch hätte es anders sein können? Wir hatten diesen grausamen Krieg, der Europa in Schutt und Asche gelegt und der den Tod von Millionen unschuldiger Menschen verschuldet hatte, zu verantworten. Oft hatte ich das Gefühl, dass die meisten Deutschen gar nicht verstehen wollten, warum man sie nun, ohne Ansehen der Person, dafür in die Pflicht und Verantwortung nahm. So beklagten sie ihr persönliches Elend meist lauter als das politische und zerstörerische Unheil, das wir über die Menschen und Völker Europas gebracht hatten. Selten erlebte ich, nun, da wir von der Diktatur und dem Unrechtsstaat befreit waren, eine Bereitschaft, das Geschehen aufzuarbeiten, seine Ursachen zu ergründen und zu bereuen. Stattdessen hörte ich häufiges Zetern und Jammern. Und weil man dies jetzt ungestraft tun durfte, tat man bei jedem Ärgernis im Brustton der Überzeugung kund: »Und das soll Demokratie sein?«

Wir waren in den Anfängen der Nach-Hitler-Zeit mit wenigen Ausnahmen kein schuldbewusstes, reumütiges und um Aufklärung bemühtes Volk, sondern überwiegend mit den eigenen Nachkriegslasten beschäftigt und von persönlichen Beschwernissen absorbiert. Nein, die meisten waren nicht zu radikaler Umkehr bereit, auch konnten oder wollten sie das Ausmaß der persönlichen und kollektiven Schuld nicht ermessen. Die Deutschen waren zwar durch die Siegermächte von den Exzessen des Nationalsozialismus erlöst, aber ansonsten konnten sie sich weder eine pluralistische Demokratie vorstellen noch eine konsequente Abkehr vom obrigkeitsstaatlichen Denken und von rassistischer Überheblichkeit.

Als ich fünfundsechzig Jahre später Starnberger Gymnasiasten von den Erfahrungen erzählte, die ich bei Kriegsende in ihrer Stadt gemacht hatte, schauten sie mich ungläubig an. Von all dem hatten sie noch nie etwas gehört, und das fand ich bedauerlich: Sogar die selbst erlebte Zeitgeschichte haben Eltern und Großeltern nicht an ihre Kinder und Enkel weitergegeben. Es hätte sicher dazu beigetragen, den mühsamen Weg aus der Nazi-Diktatur in eine freiheitliche Demokratie anschaulich zu vermitteln.

Wie stand es nach Kriegsende um mich? Bereits 1943 hatte ich ja den Entschluss gefasst, dass ich, falls ich die Nazizeit überstehen sollte, dazu beitragen wollte, dass sich ein Unrechts- und Terrorregime in Deutschland nie wiederholen könne. Diese Entscheidung stand vor allem im Zusammenhang mit dem Freitod meiner geliebten Großmutter, bei der wir fünf »Brücher-Waisen« nach dem frühen Tod der Eltern 1933 ein Zuhause gefunden hatten. Nun sollte sie nach Theresienstadt deportiert werden, da sie – obgleich lebenslang Christin – nach den NS-Rassegesetzen als Jüdin eingestuft wurde. Vor ihrem Abtransport nahm sie sich – fast 80-jährig – mit Schlaftabletten das Leben.

Bei meinem Vorsatz hatte aber auch der Widerstand und Mut der Studenten der *Weißen Rose* eine Rolle gespielt, und auch die Hilfe meines Doktorvaters. Dies alles verstand ich nach Kriegsende als eine Art Vermächtnis und wollte es zur Richtschnur meines politischen Denkens und Handelns machen. Wie aber konnte das gelingen?

Anfänge in Freiheit

Der erste Friedenssommer überbot sich an Sonnenschein, Blumen und Früchten. Priorität hatte jedoch die Vorsorge für das Lebensnotwendigste, was großes Improvisationstalent erforderte: Wir trockneten Brotvorräte, machten die reiche Himbeerernte in leeren Bierflaschen ein, fällten kleine Bäume und hackten Holz für den Winter. Ich kochte eigenhändig Seife und Süßstoff, destillierte vergällten Alkohol und vermischte ihn mit gehamsterten Eiern zu Eierlikör, der reißenden Absatz fand. Das erbrachte kleine Geldbeträge oder andere notwendige Dinge. Doch damit konnte ich meine heimgekehrten Brüder und meine jüngere Schwester nicht ernähren. Wie sollte ich es schaffen, dass sie ihre Ausbildungen fortsetzen konnten?

Es gab nur eine Möglichkeit: Ein Broterwerb musste her, und genau darum ging es mir in der zweiten Jahreshälfte 1945. Die Chemie war keine Perspektive mehr, sie war von den Alliierten als Forschung verboten worden. Aber wenn ich mit meinem Examen nicht Wissenschaftlerin werden konnte, vielleicht vermochte ich damit anderweitig zu punkten? »Versuch's doch mal bei der amerikanischen *Neuen Zeitung* (*NZ*) mit freier Mitarbeit über naturwissenschaftliche Themen«, riet mein Bruder, der später Kunstbuchverleger wurde. Die Idee gefiel mir, und dank meines blütenweißen Fragebogens hinsichtlich meiner politischen Vergangenheit, meines Doktortitels und meiner »rassischen Verfolgung« während der NS-Zeit wollte man einen Versuch mit mir wagen. »Schreiben Sie doch mal über den jüdischen Chemiker und Nobelpreisträger Fritz Haber«, so lautete der Probeauftrag. Im Keller des Deutschen Museums in München machte ich dazu Literatur ausfindig und schrieb eine halbe Doktorarbeit, die Wochen später als kleiner Zweispalter mit dem Titel »Leben und Werk Fritz Habers, von Hildegard Brücher« in der *NZ* erschien. Danach folgten weitere Aufträge, bei denen ich den Lesern erklärte: Was ist Penicillin? Was ist DDT-Puder? Was ist die Atomspaltung?

Im Frühjahr 1946 wurde ich für 800 Reichsmark Gehalt und täglich ein warmes Essen als wissenschaftliche Mitarbeiterin bei der Zeitung fest angestellt. Mein zuständiger Chef war mein Kinderschwarm Erich Kästner, der das Feuilleton leitete. Er und seine Lebensgefährtin, die Redakteurin Luiselotte Enderle, brachten mir das journalistische Handwerk bei, und mit einem für die *NZ* beschlagnahmten Fiat-Zweisitzer mit Stoffdach fuhren wir an den Wochenenden aufs Land, um ihre Freunde zu besuchen und ein wenig zu hamstern. Wir hatten zu dritt viel Spaß, bis Kästner die Arbeit als Feuilletonchef aufgab und wieder zu schreiben begann.

Mit Hilfe seiner und Luiselotte Enderles Exerzitien durfte ich mich auch bald an Reportagen wagen und an den täglichen Redaktionskonferenzen teilnehmen. Mit drei Artikeln erregte ich Aufsehen, darunter ein Interview mit den Atomphysikern Otto Hahn und Werner Heisenberg, die nach ihrer Internierung in der Nähe von Cambridge aus England zurückgekommen waren. Mit ihnen sprach ich über den Stand der deutschen Atomforschung. Im zweiten Beitrag berichtete ich unter der Überschrift »Ein Wall gegen Hass und Not« über das Engagement von Inge Scholl, der Schwester von Sophie und Hans, die wegen ihrer Zugehörigkeit zur *Weißen Rose* hingerichtet worden waren, wie auch der Mutter Magdalena Scholl, die in der Flüchtlingshilfe rastlos tätig war.

Der dritte Artikel war eine Darstellung der materiellen Schwierigkeiten in der von den beiden anderen Westzonen hermetisch abgeschlossenen Französischen Besatzungszone. Er trug den Titel: »Hinter dem seidenen Vorhang«. Nachdem der Beitrag gedruckt war, gab es einen Protest im Alliierten Kontrollrat und ein kurzzeitiges Verbot der *NZ* in der Französischen Zone. Das war meine erste außenpolitische Verwicklung.

Und auch sonst begann ich mich für das erwachende politische Leben zu interessieren. Parteien wurden neu oder wieder gegründet; ich besuchte sämtliche Veranstaltungen in München, die von Mitgliedern improvisiert wurden, und entschied mich für die Freie Demokratische Partei. Denn »Freiheit« war ihr und mein Losungswort.

Außerdem nahm ich an Treffen teil, bei denen es um erste *christlich-jüdische Kontakte* ging. Ich besuchte politische Vorträge in dem im Oktober 1945 eröffneten *Amerika Haus* in München oder Diskussionen in den von Kirchen neu errichteten Akademien. Durch Hans Werner Richter bekam ich Zugang zur berühmten *Gruppe 47*, die sich mit der Erneuerung der deutschen Literatur nach der Nazidiktatur auseinandersetzte. Kurzum: Ich nahm alles wahr, was früher verboten war.

Politik beschäftigte die meisten Menschen damals wenig. Hierzu ein anschauliches Beispiel vom Besuch meiner ersten Wahlversammlung im ländlichen Oberbayern: Die ersten kommunalen Wahlen sollten in dieser Region bereits im Frühjahr 1946 stattfinden, in den Städten folgten sie erst im Laufe des Jahres. Der Zufall wollte es, dass mich der damalige Münchner Oberbürgermeister Karl Scharnagl einlud, an einer Fahrt zu einigen Veranstaltungen der Bayerischen Christlich-Sozialen Union (CSU) an einem Sonntagnachmittag teilzunehmen. Vor der Machtübernahme der Nationalsozialisten hatte er der BVP angehört, der Bayerischen Volkspartei, bis er 1933 sein damaliges Amt als Oberbürgermeister niederlegen musste, kurzfristig im Konzentrationslager Dachau inhaftiert war, schließlich in seinem erlernten Beruf als Bäcker überlebte.

Abgesehen von dem jeweiligen Dorfpfarrer, der uns mit Hilfe seiner Haushälterin bei dieser Wahlkampftour großzügig – sogar mit Schlagrahm, damals einer Rarität – bewirtete, erschienen zu den Versammlungen immer nur einige ehemalige BVP-Freunde von Scharnagl, die auf Urbayrisch schimpften. Scharnagl beschwor sie, dass es wichtig sei, einen christlichen Gemeinderat zu wählen, das sei doch schon ein großer Fortschritt. Mehr gab es nicht zu debattieren. Kein Wort über Frauen und Politik. Das aber hätte mich am meisten interessiert, da wir Frauen über das Wahlrecht unsere Zukunft immerhin mitbestimmen konnten. Doch selbst in der Großstadt München gab es in der Kommunalpolitik noch keine einzige jüngere Frau. So blieb mir von meinen ersten Wahlveranstaltungen außer Enttäuschung nur mein gründlich verdorbener Magen in Erinnerung.

»Mädle, Sie müsset in die Politik«

Nach solcherlei wenig ermutigenden Aufbrüchen in die von den Besatzungsmächten gewünschte Demokratie folgten erste eigene politische Gehversuche. Die bahnten sich eher zufällig an. Im Oktober 1946 sollte ich für die *Neue Zeitung* Theodor Heuss, damals Kult(us)minister von Württemberg-Baden, über dortige Schulreformen befragen. Das Land war wie Bayern amerikanisch besetzt, und das Interview sollte in Stuttgart stattfinden.

Heuss war humorvoll und kenntnisreich. Das Gespräch dauerte lange und gipfelte in der Erkenntnis, dass er für mich der erste Deutsche war, der sich trotz des Scheiterns der Weimarer Republik rückhaltlos für den Aufbau einer Demokratie im danniederliegenden Deutschland begeisterte. Beim Abschied gab er mir im sonoren Schwäbisch den Rat: »Mädle, Sie müsset in die Politik.« Womit, wie sich erweisen sollte, meine politische Lebensweiche gestellt war. Zwar nicht von heute auf morgen, aber anlässlich der bayerischen Kommunalwahlen im Frühjahr 1948 wurde ich vom Heuss-Freund Thomas Dehler, dem Gründer der bayerischen FDP, gefragt, ob ich nicht für den Münchner Stadtrat kandidieren wolle. Obgleich ich noch keine Ahnung von der Funktion eines Stadtrats hatte, wurde ich auf den sechsten oder siebten Platz der Kandidatenliste aufgestellt. Mein Wahlkampf bestand aus fünf aus verholzten Tüten zusammengeklebten Plakaten, die an Schwabinger Ruinenwänden mit eigenhändig gekochtem Kleister angebracht wurden. Sie trugen die Aufschrift »Verjüngt den Stadtrat – wählt Hildegard Brücher« und entschieden über meine weitere Zukunft. Am Wahltag wurde ich auf den zweiten Listenplatz »vorgehäufelt«, was hieß, dass ich mit meinen knapp siebenundzwanzig Jahren die jüngste und unbedarfteste, aber sicher auch eine der motiviertesten Stadträtinnen der drei

Westzonen war. Meine Lehr- und Lernzeit begann dann am 20. Juni 1948 mit 75 Mark Aufwandsentschädigung. (Heute sind es 2100 Euro Grundvergütung plus Sitzungsgelder.)

Das neue Amt war ein Fass ohne Boden, und als junge Stadträtin fühlte ich mich oft so ratlos wie nie zuvor und nie danach. Die Währungsreform erlöste uns zwar im Juni 1948 von den ärgsten Nöten, dennoch bremsten der Mangel an allem und das ständige Improvisieren-Müssen den Elan der Stadtväter sowie der wenigen Stadtmütter: Wir hatten keine Büros, keine Stühle, keine Telefone, keine Sekretärinnen. Meine Anträge tippte ich auf meiner Erika-Schreibmaschine, die ich 1936 zur Konfirmation bekommen und die den Krieg samt Luftschutzkeller und Doktorarbeit überstanden hatte. Für meine zahlreichen Besucher, die um Rat und Unterstützung baten, hatte ich ausrangierte Umzugskisten als Sitzgelegenheiten organisiert. Manchmal half ich einem kriegsversehrten Hausmeister, Dachpappe auf löchrige Schuldächer zu nageln, organisierte alte Säcke zum Putzen der maroden Fußböden und versuchte zitternd und zagend meine ersten Wortmeldungen im Stadtparlament durchzustehen. So ernüchternd war damals Politik für mich!

Parteipolitik spielte im Stadtrat damals so gut wie keine Rolle, und ich war voller Bewunderung für Kollegen, auch fünf kommunistische, die noch von den Entbehrungen einer KZ-Inhaftierung gezeichnet waren und trotzdem mit anpackten, als sei das die selbstverständlichste Sache der Welt. Kurzum: Gemeindedemokratie habe ich nicht nur von Grund auf praktiziert, sondern auch als Lehrstück freiheitlichen Zusammenlebens verinnerlicht.

Parallel zu den kommunalpolitischen Aufgaben arbeitete ich bis 1949 weiter bei der *Neuen Zeitung*. Man hatte mir nun eine regelmäßige Rubrik anvertraut, die ich »Wissenschaft und Forschung« taufte, zugleich wurde ich mit dem Aufbau eines Korrespondentennetzes beauftragt. Die amerikanischen Herausgeber meinten es gut mit uns deutschen Mitarbeitern, darunter Robert Lembke, Egon Bahr, Walter von Cube oder Peter Boenisch. Chefredakteur Hans Wallenberg war aus dem Exil aus den USA zurückgekehrt und imponierte mir nicht nur aufgrund seines journalistischen Talents, sondern auch wegen seiner Bildung, seinem Witz und seiner Mitmenschlichkeit. In der *NZ* erlebte ich eine endgültige Befreiung von den geistigen Zwängen und Denkverboten nationalsozialistischer Indoktrination.

Erinnerungen an die amerikanische Besatzung

Was die US-Besatzer den Deutschen in ihrer Zone im Rahmen der *Re-Education* verordneten, fand ich zumeist vernünftig, ja notwendig – ausgenommen jenes schier hoffnungslose Vorhaben, Entnazifizierung mittels Fragebögen abzuwickeln.

Vor allem ihre Anweisungen zu Schul- und Hochschulreformen waren einleuchtend, forderten sie doch mehr Durchlässigkeit der Schularten und Gleichberechtigung für Schüler jedweder Herkunft. Doch ihr Anspruch, Bildung zu demokratisieren und zu liberalisieren, wurde von den Deutschen jahrelang abgelehnt. Stattdessen wurde das dreigliedrige und ständisch orientierte Schulsystem mit Volksschule, Mittelschule und Gymnasium wieder eingeführt. Mir kam die Pauschalkritik an den Re-Education-Programmen reichlich überheblich vor. Man hätte sie vielleicht etwas diplomatischer »Re-Visions-Programme« nennen können, da es dabei nicht um drakonische Umerziehung, sondern eher um – wie man heute sagt – eine »Hilfe zur Selbsthilfe« ging. Hätten wir sie im Prinzip akzeptiert und wären wir nicht so verbockt gewesen, hätten wir uns viele Jahrzehnte gravierender bildungspolitischer Versäumnisse ersparen können. Die ersten deutschen PISA-Ergebnisse 2002 wären wahrscheinlich nicht so vernichtend ausgefallen.

Das wichtigste und übergeordnete Vorhaben der Amerikaner bestand jedoch darin, uns Deutsche mit der Demokratie zu befreunden. Bei ihrer Einführung wollten sie uns mit Rat und Tat – manchmal auch per Dekret – auf die Sprünge helfen. Dazu gehörten die Einrichtung von Jugendclubs, die Förderung von

Frauenorganisationen sowie die Eröffnung von *Amerika Häusern* mit ihren überwältigenden Kulturangeboten. Die in Stuttgart geborene resolute Emigrantin Jella Lepman gründete nunmehr als Captain der US-Armee mit amerikanischen Stiftungsmitteln die *Internationale Jugendbibliothek* in München. Dabei wurde sie von Erich Kästner unterstützt, der eigens ein Buch zur Einweihung schrieb: *Die Konferenz der Tiere.* Bei der Eröffnungsveranstaltung las ich aus der Parabel über das Scheitern von Friedenskonferenzen. Erst die Tiere müssen in Erscheinung treten und die Menschen zwingen, einen »ewigen Friedensvertrag« zu unterzeichnen. Die Geschichte war ein echter Kästner. Die Bibliothek existiert noch heute und ist für mich gleichsam ein Wahrzeichen für amerikanische Hilfs- und Versöhnungsbereitschaft geblieben. Dazu gehörten auch die großzügigen CARE-Paket-Aktionen mit lange Zeit entbehrten Nahrungsmitteln und Gebrauchsgegenständen.

Das wohl Beständigste der Besatzungszeit waren für mich die persönlichen Vertrauensverhältnisse und Freundschaften, die nicht nur zwischen hohen US-Repräsentanten wie etwa John McCloy, Shepard Stone oder James B. Conant und deutschen Politikern wie Helmut Schmidt, Kurt Biedenkopf oder Otto Graf Lambsdorff entstanden, sondern auf allen Ebenen der Begegnung. Sie bildeten das Fundament für die Stabilität der späteren deutsch-amerikanischen Beziehungen, die alle politischen Krisen überdauerten. Meinungsverschiedenheiten schloss das nicht aus, aber die Basis stimmte.

An dieses Kapitel unserer Zeitgeschichte ist vor allem deshalb zu erinnern, weil diese Bindungen Grundstein des Atlantischen Bündnisses waren und sind, das wir in Europa nach 1945 lebensnotwenig brauchten. Heute werden solche Fundamente zwar gelegentlich noch beschworen, aber es fehlen die persönlichen Erfahrungen und freundschaftlichen Bindungen zwischen den politisch Handelnden.

Zur Versöhnungsbereitschaft der Amerikaner zählten ab 1948 auch die großzügigen Programme für Besuche und Stipendien in den Vereinigten Staaten; spätere Spitzenpolitiker wie

Helmut Schmidt oder Kurt Biedenkopf profitierten davon. Auch ich gehörte zu den jüngeren Politikerinnen, die diese Erfahrung machen durften.

Demokratie lernen in den USA

Ende August 1949 fuhr ich nach einem strengen Auswahlverfahren mit einem kleinen, nur mit Bindfäden verschnürten Koffer per Schiff nach New York. Mit dabei war der Berliner Stadtverordnete und spätere Regierende Bürgermeister Klaus Schütz. Die Freiheitsstatue grüßte verheißungsvoll, und es war wohl niemand unter uns, die ihr erwartungsfroher zuwinkte als ich. Welch ein Land, welch eine Gesellschaft und welch ein Optimismus – damals! Amerika hatte nicht allein aus militärischer Überlegenheit heraus gesiegt, sondern auch dank seiner politischen, gesellschaftlichen und freiheitlichen Überzeugungen. Die konnte ich nun kennenlernen, und zwar nicht nur während meines einjährigen Stipendiums an der Harvard University in Cambridge, Massachusetts, bei dem ich das Fach *Political and Social Sciences* belegte, sondern als »Fan« von Land und Leuten. Das hieß: Ich erfuhr Demokratie als Staatsform und Ideenlehre, aber weit mehr noch als Lebens- und Gestaltungsform vor Ort. Dazu verhalfen mir unvergessliche »Trips« mit den preiswerten Greyhound-Bussen. Alles war genau das Gegenteil von dem, was die Nazis uns Deutschen zwölf Jahre lang eingebläut hatten. Niemand gängelte oder beeinflusste mich. Überall war ich willkommen, bei Frauen- und Elternorganisationen, und ich nahm an Bürgerversammlungen teil, ja sogar an einem von Studenten organisierten Wahlkampf gegen den damaligen korrupten Bostoner Bürgermeister, der tatsächlich erfolgreich war. So begann ich, mich vielfältig demokratisch zu engagieren, selbst wenn es nicht immer erfolgreich endete. Auch das gehörte zu meinen demokratischen Erfahrungen.

Das Studienjahr an der Ostküste der USA war weitaus mehr als nur ein Crashkurs in Demokratie, es war eine Art Vorbereitung auf die Sisyphusaufgaben, die uns in unserem von antidemokratischen Traditionen geprägten Deutschland bevorstanden. Ich lernte das komplizierte Räderwerk des amerikanischen *Checks-and-Balances-Prinzips* kennen, also die wechselseitige Kontrolle und Absprache staatlicher Verfassungsorgane, sowie das Credo von der strikten *Gewaltentrennung* zwischen Legislative und Exekutive. Wichtiger noch als dieser theoretische Hintergrund: Ich bewunderte den Stolz der Amerikaner auf ihren *Democratic Way of Life* und auf die vielzitierte *Graswurzeldemokratie*, vor allem auch deshalb, weil die damit verbundenen Vorstellungen gleichermaßen für Männer und Frauen Gültigkeit hatten. So sollte es auch bei uns werden! Das jedenfalls nahm ich mir vor. Nach meiner Rückkehr stieß ich damit aber auf wenig Gegenliebe.

Unsere Staatsform Demokratie hatte man auf den deutschen Obrigkeitsstaat gesetzt, und noch heute rangiert das Primat der Regierungsgewalt zumeist vor der demokratisch legitimierten Legislative. Dies war, meiner Überzeugung nach, ein Geburtsfehler unserer Demokratie, den man im Laufe der Jahrzehnte zwar immer mal wieder zu beheben versuchte, aber eine wirkliche Revision fand nicht statt. Noch immer nimmt die Regierung auch große Teile der Legislative wahr. Das heißt: Sie macht die Gesetze, sodass das Parlament überwiegend nur als eine Art Notar für ihre Entwürfe fungiert.

Im Sommer 1950 kehrte ich in die nach wie vor demokratieskeptische Bundesrepublik zurück, nun allerdings mit zwei großen Koffern voller Bücher und Kleidern aus Kaufhaus-Basements. Hatte ich zuvor Ereignisse meiner Zeit nur als Lern- und Orientierungsprozess erfahren, begann für mich jetzt ein ganz neuer Lebensabschnitt: Ich musste mich politisch festmachen und begreifen, was es bedeutet, selbst für mein politisches Tun und Lassen verantwortlich zu sein. Aber ich war voller Tatendrang, voller neuer Kenntnisse und Erkenntnisse. Und ich war entschlossen, dafür einzustehen, wovon ich überzeugt war. Von nun an wurde Politik zu meinem Lebensberuf, das Bohren dicker Bretter und viel Leidenschaft eingeschlossen. Geduld und Augenmaß waren dagegen nicht gerade meine Stärke!

Die fünfziger Jahre im Landtag –
auf dem Weg zur Emanzipation.

2
Über Politik als Frauenberuf:
Wege zu einer freischaffenden Liberalen

1945 kannte ich weder das Wort Emanzipation noch Gleichberechtigung als Begriffe für Frauenpolitik. Ich denke, dass dies den meisten Frauen damals ähnlich ging, selbst wenn sie bereits ein Stück Eigenständigkeit im Beruf und in der Lebensführung erreicht hatten. Dass ich ein schweres Studium erfolgreich absolviert hatte und frühzeitig gezwungen war, auf eigenen Beinen zu stehen und für meine jüngeren Geschwister zu sorgen, das war zwar ungewöhnlich, aber kein Grund, viel Aufhebens davon zu machen. Erst als mir nach Kriegsende klar wurde, was Männer angerichtet hatten und dass wir Frauen nun bereits zum zweiten Mal innerhalb von dreißig Jahren die Lasten- und Leidtragenden waren, fiel es mir buchstäblich wie Schuppen von den Augen. Mit der männlichen Alleinherrschaft musste es ein Ende haben, und ich wollte dazu beitragen, dass Frauen an öffentlichen Dingen teilnahmen und teilhatten. Wie aber sollte »das Mädle« in die Politik kommen, wie Theodor Heuss es mir 1946 geraten hatte?

Das Mandat im Stadtrat war mir im Frühjahr 1948 gleichsam in den Schoß gefallen, und die Männer in dieser Gemeindevertretung verhielten sich mir gegenüber nett und gönnerhaft, solange ich nicht mit Ideen und Vorschlägen daherkam, die in ihre Reservate hineinwirkten, solange ich sie nicht zu nerven begann. Alsbald blieb das jedoch nicht aus. So wollte ich etwa wissen, weshalb weibliche Stadtverwaltungsangestellte eigentlich nicht in eine höhere Laufbahn aufsteigen und weder »Amtmännin« noch Leiterin einer städtischen Schule werden konnten. Außerdem interessierte mich, weshalb bei Veranstaltungen nur die »sehr geehrten Herren« angeredet wurden. Ein Grundgesetz mit einem Gleichberechtigungsartikel gab es zu dieser Zeit noch nicht.

Gleichberechtigung – lange ein Fremdwort

Unmittelbar nach meiner Rückkehr aus den USA, also 1950, landete ich als Abgeordnete in den Sielen des Bayerischen Landtags. Es war mein erster Versuch, Demokratie als Staatsform in Gestalt seiner Legislative praktisch zu erproben. Während sich in Deutschland eine Frau damals noch tausendmal dafür rechtfertigen musste, dass sie sich politisch engagierte, waren uns die amerikanischen und skandinavischen Mitstreiterinnen schon weit voraus. Sie waren nicht mehr Einzelkämpferinnen, sondern hatten sich vom lokalen Verbund bis hin zu gesamtstaatlichen Netzwerken bereits überparteilich fest verankert. Ihre Programme wurden ernsthaft diskutiert und teilweise von der Politik übernommen.

Nach diesem Vorbild gründete ich in München eine überparteiliche *Liga der Wählerinnen*, um uns Frauen mehr Einfluss und bessere Chancen im öffentlichen Leben zu verschaffen. Nach einigen Anfangserfolgen mussten zwei CSU-Vertreterinnen auf höheren Männerbefehl wieder ausscheiden. Jedwede überparteiliche Zusammenarbeit wurde ihnen untersagt. Aus der Traum vom demokratischen Frauenbündnis! Stattdessen gab es auf lange Zeit wieder nur Einzelkämpferinnen, und leider auch sehr viel Rivalität unter Frauen.

Später, im Landtag, wurden dann auch ausgerechnet zwei CSU-Abgeordnete zu meinen ärgsten Widersacherinnen. Nach Einführung des Grundgesetzes nahm ich mir besonders den *Artikel 3* zu Herzen. Im Absatz 2 heißt es dort: »Männer und Frauen sind gleichberechtigt.« Folglich bemühte ich mich zunächst um die Verbesserung weiterführender gleichberechtigter Bildung für Mädchen. Die wenigen Mädchenschulen, die in Bayern zum Abitur führten, wurden seinerzeit bis auf eine Ausnahme von Kirchen oder Städten getragen. Staatliche Gymnasien waren für Jungen reserviert. Infolgedessen gab es auch sehr viel weniger Abiturientinnen als Abiturienten. Es war eine statistisch bewiesene Tatsache, dass das »katholische Arbeitermäd-

chen vom Land« so gut wie keine Chance für einen Bildungs-
aufstieg hatte. Philologinnen erhielten nur in Ausnahmefällen
eine Anstellung an staatlichen Gymnasien. Schulleiterinnen,
Referentinnen oder Bürgermeisterinnen – Fehlanzeige. Die –
angeblich christliche – Parteidoktrin der Konservativen lautete,
dass Frauen im öffentlichen Leben wegen ihrer »andersartigen
Bestimmung« einfach nicht gleichberechtigt sein könnten und
dürften. Dieses letztlich von Männern postulierte Credo galt
übrigens bis in die achtziger Jahre hinein nicht nur für die CSU
und die von ihr besetzten Ämter, sondern mehr oder weniger für
alle anderen Parteien, oft auch aus Konkurrenzgründen.

So war es dann auch kein Wunder, dass ich mit meiner Auf-
müpfigkeit in Sachen Gleichberechtigung und Demokratie
einen schweren Stand im Landtag hatte und der allmächtigen CSU nicht nur gelegentlich ein Dorn im Auge war, sondern
ein permanentes Ärgernis. Vor allem der *Artikel 3 Absatz 2* des
Grundgesetzes forderte meinen besonderen Einsatz. Den Kampf
um ihn im Parlamentarischen Rat hatte ich 1949 miterlebt. Bis
zur zweiten Lesung konzedierte der Entwurf des Grundgesetzes
wie einst in der Weimarer Verfassung nur eine »grundsätzliche«
Gleichberechtigung. Damit hätte man wieder ungezählten juristischen und politischen Ausnahmen Tür und Tor geöffnet. Das
sollte für die Bundesrepublik mit Inkrafttreten des Grundgesetzes nun verhindert werden. Vor allem war es die couragierte
SPD-Abgeordnete Elisabeth Selbert, die sich gewissermaßen
mannhaft gegen die nur »grundsätzliche« Gleichberechtigung
wehrte, in dem entsprechenden Ausschuss jedoch keine Mehrheit fand. Über die Rundfunkstationen der Länder und dabei
über die jeweiligen Frauensendungen rief sie die weibliche Bevölkerung zu Postkartenprotesten auf, die ich als junge Stadträtin
mitorganisierte. Waschkörbeweise seien die Postkarten bei ihr
eingetroffen, berichtete Elisabeth Selbert später, und das führte
in der dritten Lesung des Grundgesetzes tatsächlich zur Strei-
chung des ominösen Wortes »grundsätzlich«. Damit waren die
ersten Voraussetzungen für den Aufbruch der Frauen aus Un-

33

mündigkeit und Benachteiligung zumindest in der Verfassung geschaffen. Es sollte jedoch lange dauern, bis Gleichberechtigung und Gleichstellung auch in der gelebten Wirklichkeit durchgesetzt werden konnten. Wie wohl keine andere Bestimmung des Grundgesetzes hat die Realisierung dieses Artikels unsere Demokratie und Gesellschaft innerhalb weniger Jahrzehnte gehörig umgebaut.

Emanzipatorische Herausforderungen

Die Zeit meiner ersten emanzipatorischen Bewährungsproben hatte begonnen: Das lag nicht nur daran, dass ich aufgrund meines amerikanisch geprägten Demokratieverständnisses überall aneckte und innerhalb weniger Jahre wegen meiner fortschrittlichen Überzeugungen zu einer der bestgehassten Abgeordneten wurde. Als »Preußin« und Protestantin passte ich auch so ganz und gar nicht in das tradierte Rollenbild: Danach hatte eine Frau mütterlich, fromm und fleißig zu sein, und schon gar nicht sollte sie öffentlich eigene Meinungen vertreten. Zwar ließ ich mich nicht einschüchtern, aber manchmal flossen doch mehr oder weniger heimlich Tränen über die Flegeleien der CSU-Abgeordneten.

Damals fiel mir ein altes englisches Kirchenlied in die Hände, das ich seitdem in heiklen Situationen gelegentlich vor mich hin summte:

Wag zu sein wie Daniel,
wage es, allein zu stehen,
wage es, ein Ziel zu haben,
wage es, und lass es sehen.

Etwas zu wagen und »dennoch« zu sagen, das war der erste Schritt zu meiner Emanzipation. Zu dieser Zeit empfand ich die Reaktionen auf meine Vorstöße als sehr ernüchternd, oft waren es Rückschläge. So dauerte es nicht lange, bis aus dem anfangs so unbeschwerten »Fräulein Stadtrat« eine immer wieder mal auch gefürchtete und angefeindete »Landtags-Emanze« wurde.

Kam ich im Landtag nicht weiter, engagierte ich mich bürgerschaftlich und sozial, was mir den Ruf einer »Roten Hilde« einbrachte. Hilde Benjamin, die kommunistische Justizministerin in der DDR, wurde so genannt, weil rothaarig und gefürchtet wegen ihrer rabiaten Urteile. Sie war Inbegriff eines abstoßend wirkenden Mannweibs. Mit der Bezeichnung »Rote Hilde« wollte man mich nicht nur diffamieren, sondern politisch unschädlich machen. Der CSU-Abgeordnete Franz Elsen empfahl mir dann auch, Bayern so schnell wie möglich wieder zu verlassen. 1970 avancierte ich durch ein Verdikt von Franz Josef Strauß zur »Krampfhenne«, was mir allerdings Sympathie in der Bevölkerung und bei Wahlen viele zusätzliche Stimmen einbrachte. Zeitweise rutschte die CSU-Streitkultur weit unter die Gürtellinie. Als rühmliche Ausnahme erwies sich mein früherer Stadtratskollege Erwin Hamm, der mir unbeirrbar und mit einem wunderbaren Humor ausgestattet, unverbrüchlich Schützenhilfe leistete und mir ab 1956 für zweiundfünfzig Jahre auch die eheliche Treue hielt. Als ich einmal von Alfons Goppel, der von 1962 bis 1978 bayerischer Ministerpräsident war, als »Bissgurke« tituliert wurde, konterte mein Mann mit einem lakonischen »Die san ja nur neidisch« – und ließ seine CSU-Mitgliedschaft ruhen. Aus der Partei ist er erst im hohen Alter ausgetreten, als er die Ost- und Entspannungspolitik der sozialliberalen Regierung unter Willy Brandt und Walter Scheel öffentlich unterstützte und damit Ärger bekam.

Ständig schnüffelte man in unserer CSU/FDP-Ehe herum, die offenbar die Gemüter immer wieder beschäftigte. Einmal wurde unsere Zugehfrau gefragt, ob wir denn überhaupt eine christliche Familie seien und ob bei uns zu Tisch gebetet würde. Sie antwortete, wie bald darauf in der Zeitung zu lesen war, dass sie das nicht wüsste, weil sie mittags nicht mehr da sei, aber ein christliches Haus sei das schon, denn der »Herr Doktor ist bei der CSU und die Frau Doktor geht in die Kirche«.

Die mittlerweile im Grundgesetz garantierte Gleichberechtigung von Mann und Frau wurde vom Bayerischen Landtag jedenfalls abgelehnt, und viele Kollegen hatten den *Artikel 3 Absatz 2* wohl auch gar nicht zur Kenntnis genommen. Bayern hatte ja als einziges Bundesland dem Grundgesetz nicht zugestimmt. Selbst um die Führung meines Doppelnamens musste ich damals noch kämpfen. Bayern war und blieb ein Männerland – fest in Männerhand.

Folglich gab es für mich in den fünfziger und sechziger Jahren viel zu tun. Ich stellte fest, dass nicht nur Mädchen keine weiterführenden Bildungsmöglichkeiten hatten, sondern auch Frauen keine beruflichen Aufstiegschancen, insbesondere jene, die Kinder hatten. Bereits im Stadtrat hatte ich für alleinstehende Frauen gekämpft, damit sie eine eigene Wohnung bekamen, oder für die Aufnahme von Musikerinnen bei den Münchner Philharmonikern. Noch immer wurden Frauen weder in Partei- noch in Parlamentsämter berufen, allenfalls zur Dekoration oder als »Konzessionsfrauen«, nicht aber als ernst zu nehmende politische Partnerinnen. Die wenigen CSU-Kolleginnen im Landtag taten mir leid, aber nur ein bisschen. Sie kannten und konnten es noch nicht anders, hatten auch keinen Mut, sich eigenständig zu behaupten.

Dank meiner Wahlerfolge wuchs im Laufe der Jahre mein Rückhalt in und außerhalb der Partei. Vor allem durch die Landtagswahlergebnisse 1962, 1966 und 1970, bei denen ich mit meinen persönlichen Zweitstimmen die männlichen Kandidaten überrundete, konnte ich meine Unabhängigkeit und Überzeugungskraft festigen: Ich wagte es wie Daniel im englischen Kirchenlied, allein zu stehen und meine Ziele sehen zu lassen. Meine gelegentlichen Befürchtungen, dass Männer vielleicht doch besser Politik machen konnten als Frauen, hatte ich längst überwunden. Ich war selbstbewusster geworden und sagte mir: »Ich kann es mindestens so gut wie das angeblich so viel stärkere Geschlecht.« Ich war kein Einzelfall, sondern erlebte dies stellvertretend für meine Frauengeneration.

36

Damit war ich einen großen Schritt weiter auf dem Weg zu meiner eigenen Emanzipation. Ich will aber nicht verschweigen, dass ich auch des Rats und der Förderung männlicher Kollegen bedurfte. Ohne deren Beistand wäre es für mich noch viel schwieriger geworden. Abgesehen von Theodor Heuss, meinem politischen Ziehvater, waren es Walter Scheel, Richard von Weizsäcker und zeitweise Hans-Dietrich Genscher, der mich 1976 als Staatsministerin ins Auswärtige Amt holte. Von den Sozialdemokraten standen mir Waldemar von Knoeringen, Willy Brandt und Helmut Schmidt zur Seite, sie waren auch meine Vorbilder. Außerhalb der Parteien waren es Klaus von Bismarck, damals Chef des Nordwestdeutschen Rundfunks, sowie der Politologe Kurt Sontheimer.

Exkurs in die Geschichte der Frauenemanzipation

Gleichberechtigung und Gleichstellung sind uns Frauen nicht in den Schoß gefallen. Immerhin mussten wir nicht mit den gleichen Mitteln darum kämpfen wie einst die englischen Suffragetten, die sich am Gitter des Unterhauses anketteten und dafür ins Gefängnis gingen. Nach dem Ersten Weltkrieg erhielten wir 1919 das aktive und passive Wahlrecht sowie eine »grundsätzliche« staatsbürgerliche Gleichberechtigung gleichsam geschenkt, allerdings mit vielen Ausnahmen von der Regel. Entwicklungsmöglichkeiten boten diese Errungenschaften aber kaum. Keine einzige Frau hatte in den vierzehn Jahren der Weimarer Demokratie eine herausgehobene Position in den wechselnden Regierungen, Parlamenten oder Parteien. Von den weiblichen Abgeordneten meldeten sich im Reichstag nur wenige zu Wort, und dies selten und fast ausschließlich zu sozialen Problemen oder Frauenfragen.

Ab 1933 verbannten die Nazis die Frauen wieder aus dem politischen Leben. Keine Frau durfte für die NSDAP kandidieren oder erhielt ein Parteiamt, was Gott- und Hitler-ergeben hingenommen wurde: »*Das Wort von der Frauen-Emanzipation ist ein nur vom jüdischen Intellekt erfundenes Wort, und der Inhalt ist vom gleichen Geist geprägt … Denn ihre Welt ist ihr Mann, ihre Familie, ihre Kinder und ihr Haus … Dann enthält das Programm unserer nationalsozialistischen Frauenbewegung eigentlich nur einen einzigen Punkt, und dieser Punkt heißt das Kind …*« So tönte Adolf Hitler am 8. September 1934 auf dem Reichsparteitag der NSDAP in Nürnberg vor der NS-Frauenschaft. Und so geschah es, überwiegend freudig und willig mit Mutterkreuz und in »stolzer Trauer« für gefallene Söhne, bis der »totale Krieg« das von der nationalsozialistischen Ideologie verordnete Frauenbild ein für alle Mal zerstörte.

Nach 1945 gab es abermals einen Neuanfang, was die Rolle der Frauen betraf, und vier Jahre später wie gesagt die Zuerkennung der im Grundgesetz nun uneingeschränkt als Grundrecht garantierten Gleichberechtigung, die für Ehe-, Familien-, Scheidungs- und weitere Gesetze erhebliche Konsequenzen mit sich brachte. Als Anpassungsfrist war das Jahr 1952 festgesetzt worden, ein Termin, für den sich in der ersten schwarz-gelben Koalition unter Kanzler Konrad Adenauer kaum jemand interessierte. Das einzige Zugeständnis war die Einführung einer Frauenreferentin im Range einer Oberregierungsrätin im Innenministerium. Die Zeit verstrich, und als die Frist zu Ende ging, beantragte die Regierung beim Bundesverfassungsgericht eine Verlängerung des Termins, die aber abgelehnt wurde. Dazu trug Erna Scheffler entscheidend bei, die im September 1951 als einzige Frau an das Bundesverfassungsgericht in Karlsruhe berufen worden war. Auch in der Folgezeit unterstützte sie die notwendigen Durchführungsgesetze.

Diese Vorgänge dauerten Jahre. Alle einschlägigen Gesetze landeten zunächst einmal beim Bundesverfassungsgericht. Das lag zum einen an der konservativen Mehrheit im Parlament, zum anderen aber auch daran, dass keine Frau parlamentarische Führungsaufgaben übertragen bekommen hatte. Erst 1961 wurde eine Bundesministerin berufen, die Oberkirchenrätin Elisabeth

Willy Brandt war der erste Bundeskanzler, der auch in der Regierung
»mehr Demokratie und Gleichberechtigung wagte«.

Schwarzhaupt. Sie tat sich als erste Gesundheitsministerin der
Bundesrepublik ungemein schwer. Mit der sozialliberalen Koalition 1969 wurde es dann besser: Kanzler Willy Brandt um-
gab sich mit zwei Ministerinnen und zwei Staatssekretärinnen
(im Bild v.r.n.l.): Katharina Focke, Käte Strobel, Brigitte Freyh
und Hildegard Hamm-Brücher. Vierzehn Jahre später zogen
die Grünen mit ihrer Idee einer 50-Prozent-Frauen-Quote und
einem neuen Selbstverständnis ins Parlament ein. Die anderen
Parteien zogen nach, und heute würde kein Mann es mehr wagen, die Frauengleichberechtigung in Frage zu stellen.

Des ungeachtet wären noch vor wenigen Jahren eine Frau als
Bundeskanzlerin, eine Präsidentin des Bundesverfassungsgerichts, Frauen als Pastorinnen, Soldatinnen oder Pilotinnen un-
denkbar gewesen. Aber auch die freie Namens-, Berufs- und
Wohnortwahl, das eigene Bankkonto oder der Zugang zu Füh-
rungspositionen in reinen Männerberufen sind nicht viel älteren
Datums. Insgesamt waren all dies phänomenale Sprünge nach
vorn! Voraussetzung hierfür waren das Grundgesetz, die Bil-
dungsemanzipation – und die Pille.

Nach jahrzehntelangen Frustrationen war der dann erfolgte Aufbruch der Frauen in den siebziger und achtziger Jahren fast eine Sensation. Als ich 1967 als Staatssekretärin nach Hessen berufen wurde, rauschte noch der deutsche Blätterwald; heute wäre eine solche Berufung kaum einen Einspalter wert. Und als ich neun Jahre später als erste Staatsministerin und politische Vertreterin des Ministers ins Auswärtige Amt berufen wurde, da war dies eine Novität, von der Beobachter meinten, Frauen könnten eine solche Position nicht bewerkstelligen, und mit Sicherheit würde es deshalb auch nicht lange dauern, bis ich wieder weg wäre. Aus dem »nicht lange dauern« wurden über sechs Jahre, und es endete mit dem von der FDP herbeigeführten Bruch der sozialliberalen Koalition.

Trotz aller positiven Entwicklungen gab es für Politikerinnen immer wieder bittere Rückschläge: Drei Kandidaturen von Frauen für das Amt des Staatsoberhaupts scheiterten. Die erste weibliche Ministerpräsidentin, Heide Simonis, wurde – schäbig und klammheimlich – abgewählt, und viele qualifizierte Frauen bestanden die scheinbar unvermeidbaren Härtetests nicht. Obgleich ich an sich keine Befürworterin von Quoten war und bin, erkenne ich an, dass es ohne die rigorose Frauenquote der Grünen nicht so rasch vorangegangen wäre.

Am meisten zu bewundern ist – und das uneingeschränkt – der Aufstieg von Angela Merkel. Ich habe während meiner sechs Jahre als Staatsministerin im Auswärtigen Amt in vielen Kabinettssitzungen erlebt, welche schier übermenschlichen Kräfte dieses Amt physisch und psychisch erfordert, einschließlich der Anforderungen an Gesundheit, Nerven, Stehvermögen und Sitzfleisch, von der politischen Allroundpräsenz und -kenntnis ganz zu schweigen. Ich hätte es mir nicht zugetraut. Die Kanzlerin ist all dem gewachsen, das mache ihr mal ein Mann nach! Desgleichen ihr Krisenmanagement, das ich allerdings nicht immer gutheißen kann.

Bewährungsproben in Männerdomänen

Die Anforderungen an meinen Beruf als Politikerin waren enorm und vielfältig. Besonders Wahlkämpfe und die damit verbundenen Strapazen waren der reinste Hochleistungssport. Ungezählte von ihnen stand ich durch, nur von einem besonders spektakulären soll berichtet werden.

Es war 1962, mein vierter Landtagswahlkampf. Eine turbulente Legislaturperiode lag hinter mir, in der ich um Akademisierung und Entkonfessionalisierung der Volksschullehrerausbildung gestritten hatte. Im Sommer wurden die Listen der Kandidaten aufgestellt. Nicht öffentlich natürlich. Die Vorstände in der oberbayerischen FDP waren jedoch von einer strammen Ex-Nazi-Clique unterwandert und hatten durch Manipulation der gewählten Delegierten geplant, die beiden erklärten Anti-Nazis der Fraktion derart schlecht zu platzieren, dass sie keine Chance hätten, wiedergewählt zu werden. Und so landeten der angesehene ehemalige Richter Otto Bezold und ich bei der Aufstellung der Liste auf aussichtslosen Plätzen; mir wurde der hoffnungslose Platz 17 zuteil.

Die FDP hatte die Aussicht auf höchstens vier Abgeordnetenmandate. Meine Chance zur Wiederwahl wäre gleich null gewesen, gäbe es da nicht das bayerische Wahlgesetz, durch das der Wähler mit seiner zweiten Stimme einen gewünschten Kandidaten *ad personam* ankreuzen kann, gleich auf welchem Platz der- oder diejenige steht. Um das zu nutzen, hatten sich politische Freunde von mir zu einer Wählerinitiative zusammengeschlossen und für meine Wiederwahl geworben. Die Namen auf der Unterstützerliste waren eindrucksvoll. Die Nobelpreisträger Werner Heisenberg und Adolf Butenandt befanden sich darunter, aber auch Schriftsteller, Lehrer, Begründerinnen von Frauenorganisationen und Schauspielerinnen wie Ruth Leuwerik. Mithin war alles dabei, was im liberalen Lager Rang und Namen hatte. Selbst der mittlerweile im Ruhestand lebende Theodor Heuss hatte in einem Brief geschrieben, dass er, wäre er bayerischer Wähler, der Initiative beitreten würde, weil er meine Bildungspolitik unterstützen wolle. Das Wahlergebnis war eine Sensation. Ich erhielt mehr als das Doppelte an Zweitstimmen als der Erstplatzierte auf der FDP-Liste und zog als »Häufelkönigin« zum vierten Mal in den Landtag ein. Dieser Erfolg war ein weiterer großer Schritt in meiner eigenen Emanzipationsgeschichte als freischaffende Liberale und verstärkte meine Unabhängigkeit. Ich war nicht mehr von männlicher Gnade abhängig, was mein Vertrauen in die eigenen politischen Fähigkeiten stärkte. Das wurde mir aber erst nach und nach bewusst.

Oft fragte ich mich, ob ich es als Mann einfacher gehabt hätte, ob ich als Mann bei Konflikten wie zum Beispiel anlässlich des Sturzes von Bundeskanzler Helmut Schmidt und meiner öffentlich bekundeten »*dissenting vote*« auch so erbarmungslos ausgegrenzt und gemobbt worden wäre? Ich weiß es nicht. Ich weiß nur, dass ich ziemlich stur sein konnte und alles überstanden – und mehr noch – auch verkraftet habe, denn Niederlagen und Misserfolge einfach wegzustecken, wie mir oft zum Trost geraten wurde, das war nicht meine Begabung. Ich denke, dass mein zeitweiliger Ruf, zu sehr Prinzipienreiterin und »Gesinnungspolitikerin« und deshalb nicht integrierbar zu sein, ein typisches Männerverdikt war, das ich immer mal wieder in Form von Häme, von sexistischer Aggressivität oder mitleidiger Abqualifizierung zu spüren bekam.

Meinen eigentlichen Dissens erlebte ich stets, wenn es für mich um essenzielle Fragen des Wissens und Gewissens ging, wenn ich, anlässlich von Entscheidungen, mich nicht der Männermehrheit anpassen konnte oder wollte und es wagte, allein zu stehen und »dennoch« zu sagen. Dann allerdings war Schluss mit jedweder gönnerhaften Männernachsicht und (schein)freundlicher Kollegialität.

Der Vollständigkeit halber sei angefügt: Was hatte es für mich mit der viel beschworenen Frauensolidarität auf sich und was mit meinem Engagement in Frauenfragen? Erstere habe ich nach schwierigen Anfängen in hohem Maße erfahren. Entgegen der Meinung vieler Männer, Frauen würden keine Frauen wählen, verdankte ich meine Wahlerfolge überwiegend ihren Stimmen. Und zum zweiten Punkt: Mein Frauenengagement war mir von Anbeginn ein wichtiger, wenn auch nicht der einzige Schwerpunkt meines politischen Tuns und Lassens. Dass ich dabei trotz aller Wechselbäder weder verbitterte noch resignierte und auch nicht abhob, verdanke ich meinem unverwüstlichen Naturell, meinem Vorsatz, durchzuhalten, meiner überaus normalen Familie mit zwei frühzeitig selbstständig gewordenen Kindern, die mich daran hinderten, in Selbstmitleid oder Resignation zu verfallen. Zudem hatte ich ein solides Stehvermögen und meinen festen Glauben an Gottes gutes Geleit auch auf schweren Wegen.

Alternative Frauenpolitik und die Frage nach der Macht

Es ging mir in all den Jahren aber nicht nur um meine eigene Emanzipation. Als ich in den sechziger und siebziger Jahren feststellte, dass der Anteil der Frauen in Parlamenten und öffentlichen Ämtern im Wesentlichen unverändert geblieben war, begann ich mich verstärkt mit den Ursachen für das Schneckentempo bei der praktischen Umsetzung der Gleichberechtigung auseinanderzusetzen. Das waren vor allem die Unvereinbarkeit von Ehe, Familie und Beruf, die Schwierigkeiten, öffentlich und frei zu reden, und die ständigen Auseinandersetzungen, die Frauen scheuten.

Ich engagierte mich für Frauen nicht als Feministin, die ich auch nicht bin, weil konsequenter Feminismus meines Erachtens politisch in eine Sackgasse führt. Dennoch respektiere ich ihn sehr, verstehe mich aber selbst als emanzipierte Demokratin, und als solche versuchte ich den Status der Frauen in einem nach wie vor männlich geprägten Machtgefüge zu festigen und zu vertiefen. Die Überwindung der ungleichen Bildungschancen bei Jungen und Mädchen war der erste und entscheidende Schritt, danach ging es darum, junge und ältere Frauen über ihre Rechte weiter aufzuklären und zu ermutigen. Ich unterstützte sie, unabhängig von der Parteizugehörigkeit, bei der Vorbereitung auf Führungsaufgaben.

Zum Ermutigen gehört aber auch das Bewundern. So ist, wie gesagt, Bundeskanzlerin Angela Merkel für mich eine wirkliche Powerfrau, wenn man bedenkt, wie wenige männliche Politiker aus der früheren DDR eine gesamtdeutsche politische Karriere geschafft haben. Auch Jutta Limbach, einstige Präsidentin des Bundesverfassungsgerichts, zähle ich zu den starken Frauen.

Damit verbunden ist noch ein anderes Thema: Sollten Frauen nach mehr Macht im Sinn von »Herrschaft« in der Politik streben? Und was sollte ihnen wichtig sein? Wo liegen mögliche Einwände? Sollen sie es genauso machen wie die Männer oder neue, weniger aggressive, weniger skrupellose Formen des politischen Agierens entwickeln?

Aufgrund meiner langjährigen Erfahrungen möchte ich behaupten, dass sich für Frauen vielfältige Wirkungs- und Bewährungsfelder neu auftun können, bei denen es nicht um Herrschaftsmacht, sondern zuerst und vor allem um Entschlossenheit zur Verantwortung und um Glaubwürdigkeit geht! Und dass diese Aspekte auch im Hinblick auf den Ansehens- und Vertrauensverlust in unsere Demokratie für Frauen oberste Priorität haben sollten! Zudem sollten wir auch andere Felder, auf denen beruflich-emanzipatorische Prozesse im Gange sind, nicht außer Acht lassen, selbst wenn dieses Engagement nicht im Scheinwerferlicht der Kameras steht und dazu ohne Dienstwagen und Mitarbeitertross geleistet werden muss. Es ist deshalb nicht weniger wichtig, im Gegenteil. So ist zum Beispiel das Wirken von Frauen in der kommunalen Selbstverwaltung bereits zu einer großen Bereicherung geworden.

Emanzipation als Prozess wird nur dann gelingen, wenn er alle Bereiche des Zusammenlebens erreicht. Deshalb ist es wichtig, in der Diskussion um weitere wünschbare Erfolge nicht nur Politikerinnen und ihre Karrieren im Auge zu haben, sondern sämtliche Berufszweige, in denen Frauen tätig sind, einschließlich Wirtschaft, Finanzwesen und Wissenschaft. Hier hinken die Frauen deutlich hinter der politischen Entwicklung her.

Zu diesem Ziel sollten wir unser Nachdenken über künftige emanzipatorische Prozesse nicht an männlich geprägten und besetzten Begriffen wie etwa Macht orientieren und damit den Eindruck erwecken, als ginge es um Nachahmung und Kopie von Rezepten, die in erster Linie etwas mit Dominanz zu tun haben. Wir sollten vielmehr nach einem anderen Verständnis suchen. Ich habe für mein individuelles Engagement Worte wie Verantwortung, Partnerschaft und Gestaltungswillen erprobt und dabei erfahren, dass ich darüber nicht machtbesessen geworden, sondern eigenständig geblieben bin. Nur so ist es möglich, an persönlichen Überzeugungen nach bestem Wissen und Gewissen festzuhalten. Deshalb: Nicht nur mit »Macht« kann man politisch wirken, sondern auch mit dem Wort, der eigenen Haltung und mit Beständigkeit.

Einmischung in nationale Grundsatzfragen

Zudem wünsche ich mir, dass sich Frauen mehr als bisher auch in Identitäts- und Grundsatzfragen einmischen, die mit unserer Geschichte und der Verantwortung für unsere historischen Erblasten sowie mit unserem nationalen Selbstverständnis zusammenhängen. Bei der Bewältigung dieser Aufgabe haben mir Mitstreiterinnen – bis heute – gefehlt. Vielleicht ist es ja charakteristisch, dass Frauen kaum an einer Aufarbeitung und Auseinandersetzung dieser Dinge teilnehmen, weil die NS-Zeit samt ihren Verbrechen eine exzessive Männerherrschaft war, die Frauen zu Gebärerinnen degradiert und allenfalls als untergeordnete Gehilfinnen geduldet hat. Dennoch scheint mir immer notwendiger, dass Frauen auch hierfür Verantwortung übernehmen, um gegenüber dem Aufkommen eines neuen Rechtsextremismus Widerstand zu leisten. Dies schließt die Verantwortung für die zeitgeschichtlichen Folgen der Hitler-Diktatur ein. So jedenfalls habe ich mein politisches und humanitäres Engagement seit 1945 verstanden, und so möchte ich junge Frauen dazu ermutigen, nicht nur Frauenpolitik zu vertreten, sondern sich ebenfalls in nationale Grundsatzfragen einzumischen.

Meine zweite Hoffnung ist es, dass sich nicht nur Frauen, sondern auch Männer als emanzipationsfähig erweisen. Nach dem Römischen Recht bedeutete Emanzipation die Entlassung des mündig gewordenen Sohnes aus der väterlichen Vormundschaft. Damit war nicht nur das Ende der materiellen Abhängigkeit gemeint, sondern ebenso die Loslösung von väterlichen Denkgewohnheiten und Verhaltensweisen.

Im Zeitalter der Aufklärung, in der unser heutiges demokratisches Denken wurzelt, ist der Emanzipationsbegriff weiter gefasst worden, nämlich als Befreiung. Als Befreiung von Individuen oder Gruppen aus rechtlicher, politischer, sozialer oder psychischer Bevormundung, was so viel heißt wie Befähigung zur eigenständigen Urteilsbildung und Mündigkeit, zu eigenverantwortlicher Lebensgestaltung.

Genau das ist für die Zukunft angesagt! Männer sollen Frauen nicht nur als gleichberechtigt tolerieren, sondern sich als ebenbürtige Partnerinnen wünschen und die Bedeutung des Andersseins als Voraussetzung für ein menschenwürdiges Zusammenleben von Frauen und Männern anerkennen. Eine hierarchisch vorbestimmte Ordnung sollte im wechselseitigen Verhältnis von Männern und Frauen, sei es privat, politisch oder gesellschaftlich, ein für alle Mal ausgedient haben. Das ist ein lohnendes Ziel für weitere Emanzipationsprozesse und eine menschengerechtere Zukunft, die ich mir für die Generation meiner Kinder und Enkel sehr wünsche.

Im Januar 2009 hat die Regierungschefin Angela Merkel zum neunzigsten Jahrestag seit Einführung des Frauenstimmrechts rund zweihundert Frauen aus allen Generationen, von der jüngsten Schulsprecherin bis zur dienstältesten Politikerin, zu sich ins Kanzleramt eingeladen. Es war für mich, die dienstälteste Politikerin, ein bewegender, ausgesprochen glücklicher Tag, wenn ich bedenke, wie schüchtern und noch wenig selbstbewusst wir nach 1945 waren, als die ersten Frauen im politischen Leben Einzug hielten. Heute sollten wir nicht selbstzufrieden sein, wohl aber zufrieden über das Erreichte und weiterhin entschlossen, uns noch mehr zu bewegen. Immer eingedenk dessen, wie es Heuss so oft formuliert hat, dass Demokratie keine Glücksversicherung ist, sondern das Ergebnis politischer Bildung und demokratischer Gesinnung. Auf beiden Feldern gibt es viel zu tun. Für Frauen und Männer, für Männer und Frauen.

Weiße-Rose-Gedächtnis-Vorlesung:
»Zerreißt den Mantel der Gleichgültigkeit!«

3
Über den wechselvollen Umgang
mit den Erblasten der Nazi-Diktatur

Das Vermächtnis der Widerstandskämpfer

Die Entstehungsgeschichte unserer Demokratie auf den Trümmern einer menschenverachtenden Diktatur war alles andere als Erfolg versprechend. Das aber konnte kaum anders sein. Denn wie konnte Demokratie als Herrschaft des Volkes nach 1945 überhaupt funktionieren, nachdem sie 1933 kampf- und klaglos gescheitert war und sich das Volk freiwillig und total in ein vollkommen antidemokratisches Gewaltsystem verstrickt hatte? Bis zur letzten Minute hatte die Goebbelssche Hetzpropaganda den baldigen »Endsieg« vorgegaukelt und selbst Kinder für den Kampf um diesen missbraucht. So nahm die Katastrophe ihren Lauf – bis in den Untergang.

Die Aufarbeitung unserer düsteren NS-Vergangenheit wurde zur wohl herausforderndsten Bewährungsprobe der Nach-Hitler-Zeit. Dabei ging es nicht nur um die materielle Entschädigung ungezählter Opfer, sondern auch um Kenntnisse und Erkenntnisse, um Einsicht, Betroffenheit und Konsequenzen aus den schrecklichsten Gräueltaten, die von Deutschen und im deutschen Namen begangen worden waren. Das war das Vermächtnis, das ich mir zur Aufgabe gemacht hatte. Auch die Schriften aus und über den Widerstand verpflichteten mich immer von Neuem dazu. So hatte der evangelische Theologe Dietrich Bonhoeffer in einem seiner letzten Briefe vor seiner Hinrichtung im April 1945 geschrieben:

Nur durch die Niederlage können wir Sühne leisten für die furchtbaren Verbrechen, die wir gegen Europa und die Welt begangen haben.

Und in einem der *Moabiter Sonette,* die der Geograph und Dichter Albrecht Haushofer nach seiner Inhaftierung 1944 verfasst hatte, machte er sich über unsere Erblast Gedanken:

Dass dieses Volk die Siege nicht ertrug –
die Mühlen Gottes haben schnell gemahlen.
Wie furchtbar muss es nun den Rausch bezahlen.
Es war so hart, als es die anderen schlug,
so taub für seiner Opfer Todesqualen.
Wie mag es nun das Opfer-Sein ertragen?

Und schließlich sind da die Appelle aus den *Flugblättern der Weißen Rose.* Im fünften Flugblatt vom Januar 1943 heißt es:

Zerreißt den Mantel der Gleichgültigkeit, den Ihr um Euer Herz gelegt!
Entscheidet Euch, eh' es zu spät ist!

Und im vierten Flugblatt vom Juli 1942 steht:

Aber aus Liebe zu kommenden Generationen muss nach Beendigung des Krieges ein Exempel statuiert werden, dass niemand auch nur die geringste Lust je verspüren sollte, Ähnliches aufs neue zu versuchen.

Eine desolate Ausgangssituation

Es ist gut, dass es solche und andere Texte gibt, die wir in Erinnerung behalten sollten. Damit ehren wir nicht nur die Deutschen, die ihr Leben für ein nazifreies und humanes Deutschland geopfert haben, sondern bleiben ihnen und ihrem Vermächtnis verpflichtet. Sie haben uns die Botschaft hinterlassen, ein Exempel zu statuieren und aus Liebe zu kommenden Generationen Sühne zu leisten. Dazu aber fehlten uns nach Kriegsende sowohl der Wille als auch die Voraussetzungen. Wo sollten überzeugte und erprobte Demokraten herkommen, nachdem Hitler zwölf Jahre Demokratie als »jüdische Erfindung« denunziert und verächtlich gemacht hatte und Demokraten aller Parteien verfolgen ließ? Die wenigen übrig gebliebenen

Weimaraner waren reichlich alt. Die aktiven Gegner der Nazis hatte man an Fleischerhaken stranguliert, in die Emigration gejagt oder in den KZs zu Tode gequält. Desgleichen fehlten die ungezählten jungen Menschen meiner Generation, die keine Nationalsozialisten gewesen und in den Krieg gezwungen worden waren und dort sinnlos ihr Leben »für Führer und Vaterland« verloren hatten. Und schließlich waren auch von denen, die nicht im Krieg gefallen waren, nicht wenige dauerhaft von der nationalsozialistischen Ideologie indoktriniert.

Wer also wollte und konnte das ganze Ausmaß des Unheils ermessen und daraus nachhaltige Konsequenzen ziehen, Exempel statuieren und Sühne leisten? Wer würde sich im Sinne der Widerstandskämpfer für ein an Haupt und Gliedern erneuertes, demokratisches Deutschland engagieren? Es waren viel zu wenige, die das leisten konnten, und so war es nicht überraschend, dass die Demokratie nach 1945 nicht gerade der Wunschtraum der besiegten Deutschen war. Das hatte sicher auch damit zu tun, dass sie 1945 beinahe schockartig mit dem Zusammenbruch der NS-Diktatur und ihren immensen Erblasten konfrontiert wurden. Aus eigenem Vermögen hatten sie sich vom braunen Terror ja nicht befreien können, wie das fehlgeschlagene Attentat des 20. Juli 1944 und andere Widerstandsversuche erwiesen hatten. Vielleicht hatten sie sich auch gar nicht befreien wollen, und so blieb nur noch die Befreiung durch die Siegermächte, also die totale Niederlage und Besetzung Deutschlands.

Alles war 1945 zusammengebrochen, und der Traum von der Weltherrschaft zum schrecklichsten aller Albträume geworden: Deutschland war besiegt, zerstört und geviertelt und wurde kollektiv der schändlichsten Untaten angeklagt, des Völkermords, der Kriegs- und Menschenrechtsverbrechen. So kam es, dass nach der ersten Erleichterung und Freude über das Kriegsende alsbald ein Katzenjammer unterschiedlichster Ausprägung entstand, vor allem über das eigene Schicksal. Die Menschen flüchteten in Selbstmitleid und Unschuldsbeteuerungen – von Mitverantwortung oder gar Wiedergutmachung wollten sie kaum etwas wissen und von der Politik der Besatzer schon gar nichts. Demokratie galt überwiegend als Oktroi der Siegermächte und wurde nur mit mehr oder weniger Skepsis aufgenommen. Man hielt sie für Deutsche als »nicht artgemäß«. So erinnere ich es aus ungezählten Anfangsdiskussionen. Noch Mitte der fünfziger Jahre, also zehn Jahre nach Kriegsende, befanden bei einer Umfrage des Meinungsforschungsinstituts Allensbach 55 Prozent der Interviewten, der Nationalsozialismus sei eine »gute Idee« gewesen, die lediglich »schlecht ausgeführt« wurde. Nur die wenigsten kannten Namen von Widerstandskämpfern, ihre Schriften und Ziele ohnehin nicht.

Auch die Einsicht in das entsetzliche Leid und Unheil, das Deutschland und Deutsche über die Welt gebracht hatten, stellte sich nicht ein, oder nur in kleinen Kreisen. Von Emotionen, von Wut auf die Nazis, von denen die Deutschen eigentlich hätten erfüllt sein müssen, war wenig zu spüren. Ich weiß noch gut, wie wenig Resonanz, geschweige denn Zustimmung das sogenannte *Stuttgarter Schuldbekenntnis der Evangelischen Kirche* Ende 1945 in unseren Gemeinden fand, obgleich es noch vergleichsweise milde formuliert war:

Wohl haben wir lange Jahr hindurch im Namen Jesu Christi gegen den Geist gekämpft, der im nationalsozialistischen Gewaltregiment seinen furchtbaren Ausdruck gefunden hat; aber wir klagen uns an, daß wir nicht mutiger bekannt, nicht treuer gebetet, nicht fröhlicher geglaubt und nicht brennender geliebt haben.

Statt um die eigene Mitschuld als Mitläufer kümmerten sich zahlreiche Kirchenrepräsentanten hingebungsvoll um verurteilte Kriegsverbrecher. Noch heute wird die mangelnde Bereitschaft des deutschen Protestantismus für Schuldanerkenntnis und Sühnebereitschaft kontrovers diskutiert.

Ich erlebte die wachsende Tendenz des Beschweigens und der Abwehr jedweder Verantwortungsübernahme als eine Entwicklung, die nach der Gründung der Bundesrepublik 1949 zu einem brisanten Politikum wurde und die Jahre der Nach-Hitler-Zeit überschattete. Historiker wie Norbert Frei oder Heiko Buschke nannten dies später »Vergangenheitspolitik«, und es war eine Art politischer Eiertanz um die Konsequenzen aus der NS-Zeit. Bei mir überwogen Zorn und Enttäuschung.

Eine Stunde null in dem Sinne, dass alle Deutschen guten Willens an einer radikalen politischen und gesellschaftlichen Umkehr und Erneuerung teilhaben, hat es nach meinem Erleben nicht gegeben. Die meisten hatten das Kriegsende nicht als Befreiung, sondern als Niederlage empfunden. Demzufolge schwelte die Kontroverse, ob die Deutschen am 8. Mai 1945 nun »besiegt« oder »befreit« worden seien, jahrzehntelang und wurde zu einem strittigen Thema: Wir seien »erlöst und vernichtet zugleich« gewesen, so hatte es Theodor Heuss salomonisch formuliert. Ich fühlte mich nur erlöst und habe das nie anders empfunden und daraus keinen Hehl gemacht. Deshalb wurden die Sieger für mich zu Befreiern, von denen ich nicht nur Beistand bei der Auseinandersetzung mit den Nazi-Repräsentanten erhoffte, sondern vor allem auch Hilfe für die Überlebenden des Holocaust, des Widerstands und der sozialen Verfolgungen, etwa der Zwangssterilisierten oder der Homosexuellen. Auch diese Rehabilitierungen hätten wir nach 1945 nicht aus eigener Kraft geschafft, desgleichen jedwede Art wirksamer Entnazifizierung.

Gegen das Vergessen

Es war ein langer, nicht immer erfreulicher Weg, bis uns all dies bewusster wurde. Dass er jedoch so schwierig und langwierig werden würde, ahnte ich nicht. Mir persönlich wurde er bewusst, als Theodor Heuss, unser erster Bundespräsident, wenige Wochen nach seiner Wahl am 7. Dezember 1949 in Wiesbaden vor der neu gegründeten Gesellschaft für Christlich-Jüdische Zusammenarbeit versuchte, die Öffentlichkeit wachzurütteln. Er machte sich Sorgen, da er die Tendenz zum Verdrängen und Vergessen schon damals erkannte:

Wir dürfen nicht einfach vergessen, dürfen auch nicht Dinge vergessen,
die die Menschen gerne vergessen möchten, weil das so angenehm ist.
Wir dürfen nicht vergessen die Nürnberger Gesetze, den Judenstern, die
Synagogenbrände, den Abtransport von jüdischen Menschen in die
Fremde, in das Unglück, in den Tod. Das sind Tatbestände, die wir
nicht vergessen sollen, die wir nicht vergessen dürfen, weil wir es uns
nicht bequem machen dürfen.

So hielt er es auch während seiner zehnjährigen Präsidentschaft.
Er redete nicht um die Dinge herum und machte es sich nicht
bequem: Anlässlich der zehnten Wiederkehr des Attentats vom
20. Juli 1944 sprach er als erster hochrangiger deutscher Politiker
im Auditorium maximum der Freien Universität Berlin darüber,
dass wir »nicht verhindern können, dass in Hinterzimmern diese
oder jene Schmährede das Gedächtnis an diese Männer trüben
könne …«. Heuss schloss seine Rede eindringlich: »Das Vermächtnis ist noch in Wirksamkeit, die Verpflichtung noch nicht
eingelöst.«

Aber der Konflikt schwelte weiter. In der Realität wurden die
»Schmähreden« von der sich bereits damals neuerlich formierenden Rechten nicht nur in Hinterzimmern gehalten, sondern
ganz öffentlich und lautstark!

Erst 1985, zum vierzigsten Jahrestag des Kriegsendes, hat der
damalige Bundespräsident Richard von Weizsäcker in einer
wirklich historischen Rede im Plenarsaal des Deutschen Bundestags unmissverständlich und wiederholt den 8. Mai 1945 als
»Tag der Befreiung« beschworen und an die Notwendigkeit fort-
dauernder Erinnerung gemahnt:

Erinnern, das heißt, eines Geschehens so ehrlich und rein zu gedenken,
dass es zu einem Teil des eigenen Innern wird. Das stellt große Anfor-
derungen an unsere Wahrhaftigkeit … Wer aber vor der Vergangenheit
die Augen verschließt, wird blind für die Gegenwart. Wer sich der Un-
menschlichkeit nicht erinnern will, der wird wieder anfällig für neue
Ansteckungsgefahren.

Weizsäckers Rede wirkte damals wie eine zweite Befreiung, wie eine Enttabuisierung – und sie wirkte weltweit. Endlich hatte ein deutscher Staatsmann die rechten Worte gefunden, um Verkrampfungen zu lösen und Versäumnisse beim Namen zu nennen. Die Rede wurde als Vorstoß zu einem wahrhaftigeren Umgang mit der Nazizeit empfunden. Seither gibt es in Deutschland ein anderes Selbstverständnis der Verantwortung zur historischen Aufarbeitung und Erinnerung – und diese Einsicht gehört auch im offiziellen Sprachgebrauch zur »politischen Correctness«. Selbst in Bayern, wo es über fünfzig Jahre gedauert hat, bis ein hiesiger Ministerpräsident zum ersten Mal das ehemalige Konzentrationslager in Dachau besuchte, bekennt man sich heute am 8. Mai offiziell zum Tag der Befreiung. Erinnern oder Vergessen: Darum ging es in der ganzen Nach-Hilter-Zeit. Erinnern, nicht um Unfrieden zu stiften, sondern um die Werte unserer Demokratie zu begründen und zu gestalten. Sie als Errungenschaft anzunehmen und nicht neuerlich zu gefährden.

Doch zurück zu den Anfängen: Damals, im Mai 1945, konnten wir natürlich nicht ermessen, was die Nach-Hitler-Zeit bringen würde und wie wir mit unserer Vergangenheit umgehen sollten. Unmittelbar nach Kriegsende war es noch ungewiss, ob Deutschland überhaupt eine Zukunft hatte. Der *Morgenthau-Plan*, der im September 1944 vom US-Finanzministerium entwickelt worden war und eine De-Industrialisierung sowie eine Umwandlung Deutschlands in ein Agrarland vorsah, wurde von den Amerikanern selbst schon sehr bald kategorisch negiert, jedoch wirkte er als Drohpotenzial weiter. Auch die Demontagen von Industrieanlagen vor allem in der sowjetisch besetzten Zone verhießen nichts Hoffnungsvolles. Erst der im Sommer 1947 von den Amerikanern angebotene *Marshall-Plan* und die erklärte Absicht, mit diesem Programm den Aufbau einer Demokratie und einer freien Wirtschaft für Westdeutschland zu fördern, erbrachten erste Lichtblicke. In den fünfziger Jahren haben die enormen Marshall-Plan-Hilfen in Milliardenhöhe entscheidend zur raschen Erholung und damit zum weltweit bestaunten Wirtschaftswunder der Bundesrepublik beigetragen.

Anfangs hatten die alliierten Siegermächte strenge Maßnahmen zur Denazifizierung angeordnet, insbesondere die Kategorisierung, wer als unschuldig, Mitläufer oder schuldig anzusehen war. Letztere wurden inhaftiert und vor Gericht oder Spruchkammern gestellt. Ab Herbst 1945 begannen die Kriegsverbrecher-Prozesse in Nürnberg – später auch in Landsberg, die bei der Bevölkerung immer weniger Akzeptanz fanden, eher Animositäten gegen die »Sieger« weckten.

Nachträglich betrachtet war das Projekt »Entnazifizierung« von Anbeginn zum Scheitern verurteilt. 8,5 Millionen Deutsche waren bei Kriegsende Mitglied der NSDAP oder einer ihrer Unterorganisationen gewesen. Ungefähr dreizehn Millionen Deutsche mussten sich einer Fragebogenaktion und teilweise einem Spruchkammerverfahren unterziehen. Von ursprünglich rund 250 000 als »belastet« oder »minderbelastet« Eingestuften blieben nach ungezählten Revisionsverfahren und mit Hilfe von Abertausenden sogenannter Persilscheine am Ende nur noch ein Prozent Belastete übrig. Und auch die schafften es zumeist wieder, gesellschaftlich und beruflich einzusteigen, häufig sogar aufzusteigen. Ich habe einschlägige Bitten um Persilscheine nur zweimal, dann aber gern erfüllt, weil die Petenten Verfolgten geholfen hatten. Insgesamt wandelte sich die Nachkriegsgesellschaft Zug um Zug von einem besiegten zu einem sich selbst rehabilitierenden Volk von Unschuldslämmern.

Wie viele Opfer der NS-Terror gefordert hatte, wurde erst nach und nach bekannt. Heute wissen wir, dass es etwa sechs Millionen ermordete Juden waren, über 250 000 Menschen, die durch Euthanasie oder andere Verfolgungsmaßnahmen umgebracht wurden, rund drei Millionen getötete russische Kriegsgefangene, dazu unzählige Zivilisten, die in den von Deutschland besetzten Ländern ihr Leben verloren.

Rehabilitierung für »Entnazifizierungsgeschädigte«

An die Reaktion der Deutschen nach Bekanntwerden solcher Zahlen und Fakten kann ich mich noch gut erinnern: Offiziell wurde Betroffenheit bekundet, in Wirklichkeit jedoch reagierte man fast durchweg abwiegelnd bis achselzuckend. Man sprach von *Siegerjustiz, Siegerpolitik* oder *Siegerwillkür*. Erschütterungen und Schuldgefühle waren wenig spürbar. Von Ansätzen zu einer aufrichtigen Katharsis, auf die manche von uns gehofft hatten, kaum eine Spur. Kaum einer hatte etwas von Verbrechen gewusst, geschweige denn daran teilgehabt. Die meisten fühlten sich zu Unrecht beschuldigt und bald sogar selbst als Opfer.

Damals habe ich mich oft gefragt, ob es wohl für die Sieger eine andere Möglichkeit gegeben hätte, um die braune Spreu vom einigermaßen unverdorbenen Weizen zu trennen. Aus der Rückschau betrachtet, glaube ich es nicht, es war einfach zu viel braune Spreu. Schon frühzeitig beschlich mich die Sorge, dass es Rückschläge geben könnte, wenn Täter, Mittäter und Mitläufer in die Rolle von Opfern wechselten, sich miteinander solidarisierten und zu keinerlei Selbsterkenntnis, geschweige denn Trauerarbeit oder Bereitschaft zur Wiedergutmachung bereit waren. So kam es denn auch, dass ehemalige NSDAP-Mitglieder tatsächlich eine Entschädigung für die Folgen ihrer Entlassung forderten. Ich fand das empörend, denn bislang hatte es noch nicht einmal eine bundeseinheitliche Wiedergutmachung für NS-Opfer gegeben.

Die politischen Anstößigkeiten hörten damit jedoch nicht auf: Eine sogenannte *Kollektivschuld der Deutschen* wurde von Anbeginn empört abgelehnt. Zu Recht, meine ich, weil Schuld nicht kollektiv, sondern nur individuell angelastet und übernommen werden kann. Konnte man sich aber deshalb die Hände in kollektiver Unschuld waschen? Gab es nicht wenigstens so etwas wie eine kollektive Verantwortung, eine »Kollektivscham«, wie Heuss es formulierte?

Diesen Begriff fand ich etwas ungenau und verwendete

stattdessen die Aussage, dass es für mich keine Kollektiv*un*schuld gegeben hätte, nachdem jeder habe wissen und wahrnehmen können und müssen, welche Verfolgung und welches Unrecht in Deutschland Juden und politisch Andersdenkende, Zwangsarbeiter und missliebige Meckerer –»Halt den Mund, sonst kommst du nach Dachau« – erdulden mussten. Dafür erntete ich häufig Widerspruch und Missfallen. Wirklich ausgestanden wurde die Kontroverse eigentlich nie, und im rechtsextremistischen Sprachgebrauch gilt bis heute für einen »guten Deutschen« nur die kollektive Unschuldsbeteuerung.

Der zweite Stein kontroverser Anstößigkeit war die Debatte um die Beurteilung des *Umsturzversuches vom 20. Juli 1944*. Noch Mitte der fünfziger Jahre wurde er von etwa der Hälfte der Bevölkerung als Hoch- und Landesverrat geschmäht. Die Offiziere, die ihn geplant hatten, seien vom Ausland bestochen und zu Recht als »ehrloses Gesindel« zum Tode verurteilt worden. Nur sehr allmählich änderte sich diese Einstellung. Dazu hatte ein Prozess, den der couragierte nachmalige hessische Generalstaatsanwalt Fritz Bauer gegen den Hauptverleumder und Holocaustleugner Ernst Otto Remer eingeleitet hatte, entscheidend beigetragen. Fritz Bauer, einem aus der schwedischen Emigration zurückgekehrten hochkarätigen und moralisch motivierten Juristen, gelang es 1952, den früheren Generalmajor wegen Verunglimpfung der Widerstandskämpfer des 20. Juli anzuklagen. Remer war ehemals Kommandeur des in Berlin stationierten Wachbataillons »Großdeutschland« gewesen, der seine Auftritte nach 1945 mit selbstgefälligen Erzählungen darüber bestritt, wie es ihm am 20. Juli gelungen sei, einen Erfolg der »Eidbrecher« zu vereiteln. Er war zum Hauptzugpferd der neuen/alten Rechten geworden und ein führendes Mitglied der 1952 vom Bundesverfassungsgericht verbotenen SRP, der Sozialistischen Reichspartei. Er verbat sich, Neo-Nazi genannt zu werden: »Ich war, bin und bleibe Nazi!«

Die Männer des 20. Juli: keine Landesverräter

Fritz Bauer ging es um die volle Rehabilitierung der Beteiligten des 20. Juli. Am 7. März 1952 kam es in Braunschweig zum Prozess, bei dem auch mehrere überlebende Widerstandskämpfer und deren Familienangehörige als Nebenkläger auftraten. Am Ende wurde Bauer ein wirklicher Erfolg zuteil. Das Gericht verurteilte Remer zwar nur zu einer dreimonatigen Gefängnisstrafe, bescheinigte aber den Männern des 20. Juli 1944,

dass sie keine Landesverräter gewesen seien, sondern durchweg aus hei-
ßer Vaterlandsliebe und selbstlos bis zur Selbstaufopferung mit Verant-
wortungsbewusstsein gegenüber ihrem Volk gehandelt hätten, nicht mit
der Absicht, dem Reich oder der Kriegsmacht des Reiches zu schaden,
sondern allein mit der Absicht, beiden zu helfen.

Im Deutschland des Jahres 1952 war dieses Urteil eine Sensation und bewirkte den Beginn eines langsam einsetzenden Umdenkens in der Beurteilung des Widerstands. Dennoch waren, wie Norbert Frei in seinem Buch *1945 und wir* schreibt, »die Deutungs- und Erinnerungsverhältnisse in puncto Widerstand nach wie vor, und dies noch jahrelang, sehr prekär und auch weiterhin außerordentlich emotional besetzt«. Diese Einschätzung kann ich aus meiner eigenen Wahrnehmung nur bekräftigen.

Vor allem hinsichtlich des Aufbaus der Bundeswehr und anlässlich der Wiedereinführung der Wehrpflicht blieb die Frage des »Eidbruchs« auch nach dem Prozess der umstrittene politische Kern der Auseinandersetzung. Manchmal geistert er noch heute in rechtslastigen Sprüchen herum.

In jüngerer Zeit ist der 20. Juli endlich zu einem anerkannten Gedenktag geworden, und ich war sehr bewegt, als ich die Festansprache am Vorabend des 20. Juli 2003 halten durfte, die ich mit meinen eigenen Erinnerungen verband. Im Jahr 2010 war es der gebürtige Deutsche Fritz Stern, der als Kind mit seinen Eltern aus Deutschland geflohen war und in Amerika als angesehener Historiker lebt. In einer viel beachteten Rede im

Ehrenhof des Bendlerblocks in Berlin, in dem die Widerstandskämpfer Friedrich Olbricht, Claus Schenk Graf von Stauffen-
berg, Albrecht Ritter Mertz von Quirnheim und Werner von
Haeften bereits am Abend des 20. Juli erschossen worden waren,
schilderte er seine Eindrücke sowohl von seiner Teilnahme an
der ersten offiziellen Gedenkveranstaltung zum 20. Juli im Jahr
1954 als auch von der im Jahre 2010. Damals, so sagte Stern, »war
es die Sicht der Witwen in Schmerz und Trauer, die Sicht der
vaterlosen Kinder, das Wahrnehmen ihrer Tränen, die ich sah
oder ahnte – das hat mich zutiefst betroffen … Heute ist der Tag
Erinnerung und Auftrag zugleich … Ein Denkmal der Versöhnung: die Toten zu ehren, den Künftigen zur Mahnung.«

Immer wieder wurde mir in den Jahrzehnten seit 1945
schmerzlich bewusst, wie sehr uns Emigranten wie Fritz Stern,
aber auch Alfred Grosser, Saul Friedländer, Karl Popper, Erich
Fromm, Hans Jonas, Hannah Arendt und viele andere bei der
Aufarbeitung und den Auseinandersetzungen in der Nach-Hitler-Zeit gefehlt haben! Es dauerte lange, bis sie und ihre Beiträge
zur geistigen und politischen Besinnung in der Bundesrepublik
willkommen waren. Ähnliches gilt für die literarischen Werke der
Emigranten wie Bert Brecht, Lion Feuchtwanger oder Joseph
Roth.

Die gescheiterte Entnazifizierung und ihre Folgen

In den späten vierziger Jahren endeten die Entnazifizierung und
die Rehabilitierung der davon Betroffenen Schlag auf Schlag:
Nach der Regierungsbildung des ersten Kabinetts unter Kanzler Adenauer erfolgte durch den Bundestag, in dem von den
402 Abgeordneten immerhin zweiundfünfzig eine Nazi-Vergan-
genheit hatten, umgehend eine *erste Amnestie* für etwa rund
8000 sogenannte Kleintäter, die wegen Diebstahls oder Schwarz-
handels angeklagt waren, darunter auch sehr zahlreich kriminelle
Nazis. Die zweite Amnestie folgte dann 1954. Schon drei Jahre

zuvor trat auch das *131er Gesetz* in Kraft: Mit dem Artikel 131 garantierte das Grundgesetz einen Rechtsanspruch auf Wiedereinstellung für nach 1945 aus dem öffentlichen Dienst Entlassene, wenn sie nicht als »Hauptschuldige« oder »Belastete« eingestuft waren. Es war also tatsächlich eine Art Wiedergutmachung für Hunderttausende von sogenannten *Entnazifizierungsgeschädigten.* Darüber hatte es bereits im ersten Bundestagswahlkampf 1949 heftige Auseinandersetzungen gegeben. Mit Schaudern erinnere ich mich an ein FDP-Plakat, auf dem auf grell gefärbtem Hintergrund zu lesen war:

Schlussstrich drunter!
Schluss mit Entnazifizierung – Entrechtung – Entmündigung.
Schluss mit dem Staatsbürger 2. Klasse.
Wer staatsbürgerliche Gleichberechtigung will, wählt FDP!

Ich war entsetzt ob dieser demagogischen Vereinfachung und alarmiert, welche Folgen eine derartige Haltung im Wettbewerb mit anderen Parteien haben würde. Ohnehin hegte ich große Zweifel, ob Entnazifizierung per Fragebogen oder Spruchkammerverfahren überhaupt etwas bewirken konnte. Heute bin ich sicher, dass sie aus Nazis keine Demokraten gemacht hat. Bedenklicher war jedoch eine Renazifizierung, wie sie sich in besagtem Plakat bereits unterschwellig ankündigte.

Bundeskanzler Konrad Adenauer, der Realist, machte sich die Verhärtung im West-Ost-Gegensatz zunutze, und zwar unter zwei Gesichtspunkten: Außenpolitisch war er entschlossen, die junge Bundesrepublik in den beginnenden europäisch-atlantischen Einigungsprozess einzubringen und im Kalten Krieg aus tiefster Überzeugung eindeutig antikommunistische Stellung zu beziehen. Und innenpolitisch wollte er jedwede Entnazifizierung auch deshalb »liquidieren«, weil, wie er unverblümt argumentierte, ohne frühere Fachleute und Angehörige aus NS-Behörden keine Bundesverwaltung, kein Auswärtiger Dienst und keine Bundeswehr aufzubauen wäre.

Die »Segnungen« des 131er Gesetzes und die umfängliche

Entlastungspraxis ursprünglich von Spruchkammern verurteilter Nazis wurden dann auch exzessiv genutzt. In Scharen strömten »131er« in ihre früheren Positionen oder gelangten sogar in höhere Stellungen. Ehemalige Nazis drangen bis in die Spitzen des Staates und der Öffentlichkeit. Da war zum Beispiel Hitlers ehemaliger Referent und Kommentator für die Nürnberger Rassengesetze, Hans Globke, der zum Chef des Bundeskanzleramts unter Adenauer avancierte – man sagte, weil er ein gläubiger Katholik gewesen sei. Und mindestens zwei Minister des rechtslastigen CDU-Koalitionspartners DP (Deutsche Partei) zogen mitsamt ihrem braunen Tross in die Regierung ein. Insgesamt sollen in den Bonner Ministerien zeitweilig bis zu 60 Prozent einstige Nationalsozialisten gearbeitet haben, in der bayerischen Justiz sogar bis zu 90 Prozent. Für den Anfang mag das nicht anders möglich gewesen sein, ich empfand es jedoch als ein Risiko, dass mit dieser Art der Rehabilitierung die Basis für eine junge demokratische Verwaltung gelegt werden sollte.

Politisch wurde das damit gerechtfertigt, dass es helfe, den inneren Frieden in der Bundesrepublik zu wahren und die »Ehemaligen« für die neue Ordnung zu gewinnen. Auch das mag eine gewisse Berechtigung gehabt haben, aber es ging auf Kosten der unverzichtbaren und überfälligen Vergangenheitsaufarbeitung – von Bewältigung spreche ich höchst ungern, weil sich Schuld nicht bewältigen, allenfalls bereuen und abtragen lässt.

Fest steht aber, dass sich mit der raschen Umsetzung des 131er Gesetzes der Druck zum Verdrängen, Beschweigen und zur »Schlussstrich«-Apologetik verstärkte. Diese Entwicklung erinnere ich als die unerfreulichste der ganzen Nach-Hitler-Zeit. Sie hielt bis Ende der sechziger Jahre an und verstärkte sich von Zeit zu Zeit als Folge einer von rechts geschürten Kalter-Kriegs-Hysterie. Diese war Wasser auf die Mühlen ehemaliger Nazis: »Hitler hatte also doch recht mit seinem Krieg gegen die Sowjets«, so tönte es nicht nur an vielen Stammtischen.

Aber was ich als fast noch alarmierender empfand: Nach der »Liquidierung« der Entnazifizierung schienen auch die Prozesse gegen NS-Verbrecher einzuschlafen. Selbst bei höchsten Würdenträgern in Staat und Kirche grassierte ein Begnadigungsfieber zugunsten bereits rechtskräftig Verurteilter. Auch wurde kaum einer der tiefbraunen Richter und Staatsanwälte zur Rechenschaft gezogen, und ungezählte Kriegsverbrecher entflohen mit Hilfe von alten SS-Seilschaften und hohen Vertretern der katholischem Kirche zumeist über Südtirol und Rom in lateinamerikanische Staaten. Während die Angehörigen von hingerichteten Widerstandskämpfern von Sozialhilfe leben mussten, bezog etwa die Witwe des »Blutrichters« Roland Freisler, der auch die Schauprozesse gegen die Mitglieder der *Weißen Rose* geleitet hatte, bereits eine stattliche Pension. Schließlich: Ein von den Alliierten angeregter erster *Staatsvertrag mit Israel* erhielt keine Mehrheit bei den Koalitionspartnern der Adenauer-Regierung und konnte im März 1953 nur mit Hilfe der Stimmen der SPD-Opposition verabschiedet werden.

Insgesamt hatte die angeblich so nützliche Rehabilitierungspolitik also auch höchst unerfreuliche Folgen. Eine rechtzeitige personelle Erneuerung in öffentlichen Verwaltungen und in der Justiz wurde um mindestens ein Jahrzehnt verzögert, ebenso die Entwicklung demokratischer Lebensformen. Erst in jüngster Zeit ist dies durch die historische Untersuchung einer unabhängigen Kommission über Diplomaten im Dritten Reich und nach 1945 bestätigt worden. Die Rückkehr fast aller belasteten Diplomaten in das Auswärtige Amt zu Beginn der fünfziger Jahre, wie es in dem Buch *Das Amt und die Vergangenheit* nachgewiesen wurde, ist kein Ruhmesblatt in der Geschichte der Nach-Hitler-Zeit. Und ähnlich ist mehr oder weniger bedenkenlos in allen öffentlichen Verwaltungen, auch zum Beispiel in Universitäten, verfahren worden.

Insgesamt steckte das Nachkriegs(west)deutschland auf Jahre in einer Besorgnis erregenden Restauration und war am Rande einer pauschalen Rehabilitierung von Nazis und Schreibtischtätern. Einer von ihnen war der im »Dritten Reich« renommierte Strafrechtler Theodor Maunz, der von 1957 bis 1964 Kultusminister in Bayern war. Ich »enttarnte« ihn, als mir einige seiner chauvinistisch-antisemitischen Schriften bekannt geworden waren. So hatte der Staats- und Verwaltungsrechtsgelehrte während der Zeit des Nationalsozialismus zum Beispiel Gutachten zur Legalität der Gestapo verfasst, zur Rechtmäßigkeit des Verbots für Juden, auf Parkbänken zu sitzen oder in »arische Schwimmbäder« zu gehen. Er argumentierte auch dafür, warum man ihnen keine Telefonanschlüsse erlauben dürfe.

Er sei ja im Spruchkammerverfahren entlastet worden, beschied mich im Bayerischen Landtag der damalige Ministerpräsident und Ex-SA-Mann Alfons Goppel auf meine Rücktrittsforderung für den Kultusminister. Ich gab nicht nach, denn Maunz war Vorgesetzter von Hundertausenden von Schülern, Studenten und Lehrern, und als solcher hätte er ein Vorbild sein sollen. Schließlich musste er doch zurücktreten, unter stehenden Ovationen der CSU-Fraktion. Nach seinem Tod 1993 wurde bekannt, dass er seit den sechziger Jahren regelmäßiger Rechtsberater und Kommentator der von Gerhard Frey herausgegebenen nazistischen *Deutschen National-Zeitung* gewesen war.

Wiedergutmachung und Zentralstelle zur Aufklärung von NS-Verbrechen

Auf Druck der Alliierten wurde im September 1953, in letzter Minute der ersten Legislaturperiode des Deutschen Bundestags, ein *bundeseinheitliches Entschädigungsgesetz* verabschiedet. Es war so miserabel, lückenhaft und restriktiv, dass es binnen drei Jahren novelliert werden musste und 1965 noch ein zweites Mal. Nach diesem Gesetz wurde ein ehemaliger Häftling für einen Tag im Konzentrationslager mit fünf Mark entschädigt – also mit rund 150 Mark für einen Monat. Diese minimale Wiedergutmachung war empörend, und auch das: Hunderttausende Angehörige von Euthanasieopfern, Zwangssterilisierte, Sinti und Roma oder Homosexuelle gingen leer aus und konnten erst in den achtziger

Jahren nach langen Kämpfen mit einer streckenweise unwürdig argumentierenden Finanzexekutive, jedoch mit Hilfe einer überfraktionellen Initiative im Bundestag, der auch ich angehörte, kärglich abgefunden werden.

Ganz zuletzt wurden, ab 2001, also sechsundfünfzig Jahre nach Kriegsende, nach unendlichen Querelen endlich auch die noch lebenden Zwangsarbeiter aus einem mit rund zehn Milliarden DM von Bund und Wirtschaft gespeisten Fonds entschädigt. Von den ursprünglich rund zwanzig Millionen Zwangsarbeitern, unter ihnen etwa viereinhalb Millionen überwiegend russische Kriegsgefangene, waren knapp drei Millionen bereits während der Nazizeit umgekommen. Wäre die Wiedergutmachung der Zwangsarbeiter weiter unterblieben, hätte es zahlreiche Sammelklagen an amerikanischen Gerichten gegeben. Dankenswert war, dass aus dem gemeinsamen Fonds von Bund und Industrie die Stiftung »Erinnerung, Verantwortung und Zukunft« entstand, mit deren Mitteln seither freie Initiativen zu dieser Thematik finanziell unterstützt werden.

Mein eigenes Engagement für ehemalige Zwangsarbeiter entsprang einer Erfahrung aus dem Jahr 1942, als ich einen mehrwöchigen Ferienkriegsdienst bei den *Metzeler Gummiwerken* in München ableisten musste. Wir waren vier Studentinnen, die im Gruppenakkord mit je zehn Zwangsarbeiterinnen aus der Ukraine Gasmasken in Nachtschichten zusammenmontieren mussten, worin wir anfangs nicht besonders geschickt und vor allem nicht schnell genug waren. Die Ukrainerinnen waren voller Angst, dass ihre jeweilige Gruppe ihr vorgeschriebenes Soll nicht erreichte, und nun halfen sie uns Studentinnen auch noch, dass wir mithalten konnten. Wir hatten Sprechverbot, verständigten uns aber mit Blicken und Gesten, wodurch wir ihr Leid erahnten. Da entschlossen wir uns, heimlich in ihre Toilette, die unserer benachbart, aber von ihr streng getrennt war, Schmelzkäse, Brotscheiben und Zigaretten zu schmuggeln. Wir bedeuteten den Arbeiterinnen per Zeichensprache, dass wir ihnen damit eine kleine Freude machen wollten. Ihre Gesichter werde ich nie vergessen! Ich denke, es waren nicht nur die wenigen Lebensmittel, die sie strahlen ließen, sondern vor allem das Gefühl, dass es in Deutschland auch mitfühlende Menschen gab.

Nach Ende des Feriendienstes versuchte ich dort noch weiter tätig zu sein. Ich kann mich nicht mehr daran erinnern, unter welchem Vorwand ich es versuchte, aber nach Semesterbeginn war es nicht mehr möglich. Was aus den Ukrainerinnen geworden ist, weiß ich nicht. Aber die Wiedergutmachung von Zwangsarbeitern und Zwangsarbeiterinnen hatte seither für mich immer eine persönliche Bewandtnis, und ich habe mich jahrelang dafür engagiert, auch als es aussichtslos schien. Vielleicht haben meine »Kolleginnen« vom Gasmasken-Gruppenakkord ja doch noch ein paar hundert Euro erhalten.

Insgesamt wurden seit Beginn der Wiedergutmachungsgesetzgebung rund 66 Milliarden Euro Entschädigung geleistet. Eine beträchtliche Summe, die ein Kenner der Materie bei einer Anhörung im Bundestag allerdings so kommentierte: Etwa 4,5 Millionen Anträge seien gemäß des Gesetzes gestellt worden, etwa die Hälfte davon wurde anerkannt. Pro Person ergab das im Schnitt 10 000 Euro – wahrlich kein exorbitanter Betrag, verglichen mit den Verbrechen an Leib und Leben und dem Verlust an Hab und Gut! Wobei davon auszugehen ist, dass viele Opfer letztlich überhaupt keine Entschädigung erhalten haben. Ihre Zahl ist nicht bekannt.

Nachdem es bis in die zweite Hälfte der fünfziger Jahre hinein so gut wie keine juristischen Ansätze zur Verfolgung von Kriegsverbrechen gegeben hatte und danach Verjährungsfristen näherrückten, drohten Berge von unaufgearbeiteten Fällen unter den Tisch zu fallen. Da entschlossen sich die Justizminister der Länder im November 1958, eine *Zentrale Stelle der Landesjustizverwaltungen zur Aufklärung nationalsozialistischer Verbrechen* in Ludwigsburg zu errichten, die im Laufe der Jahre vorzügliche Arbeit leistete. 1,6 Millionen Karteikarten wurden angelegt, gegenüber mehr als hunderttausend Personen Vorermittlungs- und

Ermittlungsverfahren eingeleitet, darunter Prozesse gegen zahlreiche KZ-Schergen. Insgesamt kam es zu 6654 rechtskräftigen Verurteilungen. Ohne diese immense Leistung wäre in all diesen Fällen keinerlei Verurteilung erfolgt. Dennoch blieben viele Verbrechen unentdeckt oder konnten nicht mehr verfolgt werden.

Mit Hilfe der Zentralen Stelle Ludwigsburg konnten Anfang der sechziger Jahre endlich auch die großen Prozesse über die Verbrechen in den *Vernichtungslagern Auschwitz, Treblinka* und *Sobibor* vorbereitet und in den Jahren 1963 bis 1967 durchgeführt werden. Über zwanzig Jahre nach Kriegsende und unter schwersten Bedingungen für die oft der deutschen Sprache nicht mächtigen und verängstigten Zeugen.

Aufbegehren gegen die »unbewältigte Vergangenheit«

Die Prozesse, insbesondere die erschütternden Zeugenaussagen von einigen wenigen Überlebenden lösten zum ersten Mal in der Öffentlichkeit aufrichtige Betroffenheit aus und setzten ein grundsätzliches Nachdenken über die bisherigen Versäumnisse in Gang. Von nun an beschäftigten sich die Kinder der Tätergeneration mit der unbewältigten Vergangenheit ihrer Eltern. Dazu trugen auch eindringliche Bücher bei, wie zum Beispiel das über *Die Unfähigkeit zu trauern* der Psychoanalytiker Alexander und Margarete Mitscherlich. In diesem Werk werden Verdrängung und Verschweigen anhand von Fallstudien überzeugend dargestellt und diskutiert. Ähnlich wirkte Karl Jaspers' Schrift *Wohin treibt die Bundesrepublik?*, in der der Psychiater und Philosoph deutlich zeigte, dass sich der neue Staat erst noch bewähren müsste. Große Resonanz fand auch *Der SS-Staat*, das umfassende Standardwerk des ehemaligen Buchenwald-Häftlings Eugen Kogon. Diese und andere Veröffentlichungen lieferten in der Debatte um eine Verjährung von Nazi-Verbrechen bei Mord wichtige Argumente zur Verlängerung von Fristen und schließlich 1979 zur Abschaffung jedweder

Verjährung bei Mord. Auch die Publikationen der deutsch-amerikanischen Jüdin Hannah Arendt, *Eichmann in Jerusalem* und *Elemente und Ursprünge totaler Herrschaft*, sorgten für Aufklärung und stärkten die Entschlossenheit, nun endlich bisher Versäumtes nachzuholen. Ab Ende der 1960er Jahre war es vor allem der Soziologe Ralf Dahrendorf, der mit seinen Überlegungen zu *Gesellschaft und Demokratie in Deutschland* zum Umdenken beitrug, nicht zuletzt auch Sebastian Haffner mit seinen scharfsinnigen Analysen.

So bahnte sich also ab der zweiten Hälfte der sechziger Jahre ein politischer *Epochenwechsel* an, auf den ich schon lange sehnlichst gehofft hatte. Er ging zunächst von der Studentenbewegung aus. Leider driftete diese zusehends ins linksextreme, später ins gewaltbereite Lager ab, sodass sie für den weiteren Aufarbeitungs- und Demokratisierungsprozess weitgehend ausfiel. Ihre klügsten Köpfe wie zum Beispiel Jürgen Habermas verließen sie. Als ich 1969 auf dem Hessentag in Gießen bei meiner Festrede über die berechtigten Anliegen der Studenten von diesen mit Stinkbomben beworfen und als »Scheißliberale« beschimpft wurde, rief ich voller Zorn: »Ja, da fällt der rote Apfel nicht weit vom braunen Stamm.« Ungerührt sprach ich dann weiter über den *Mut zur kleinen Utopie* (siehe Text im Anhang), um den es mir und vielen Sozialdemokraten und progressiven Liberalen ging.

Dafür gab es für mich damals drei politische Hoffnungsträger: Walter Scheel, Willy Brandt und Gustav Heinemann. Letzteren hatten SPD und FDP 1969 zum Bundespräsidenten gewählt. Er war kein großer Redner, jedoch einer der wenigen Politiker, der den Kern des Anliegens der »gegen den Muff von tausend Jahren« rebellierenden Studenten verstand: die beschwiegene und verdrängte NS-Vergangenheit der Elterngeneration. Unvergessen auch seine Reaktion auf die Frage, ob er sein Vaterland liebe. Er antwortete:»Ich liebe meine Frau.« Er war zu seiner Zeit der erste nüchterne »Ent-krampfer«. Ich mochte und schätzte ihn sehr.

Jedenfalls fand ab den siebziger Jahren die Ära des Verschweigens und gegenseitiger Selbstrehabilitierung nach und nach ein Ende, auch dank einiger Saulus-Paulus-Bekehrungen ehemaliger Nazis und um die Zukunft aufrichtig besorgter Demokraten aus allen Parteilagern. Die Gesellschaft der Bundesrepublik wandelte sich, wobei der Demokratieschub durch die Achtundsechziger-Studentenunruhen eine große Rolle spielte. Die Bundesbürger waren mehrheitlich nicht mehr von einer dumpfen, apologetisch vernebelten Mentalität der ersten Etappe der Nach-Hitler-Zeit geprägt, sondern wurden selbstkritischer und einsichtiger und waren bereit zu Reformen, die erhebliche Konsequenzen nach sich zogen. Es kam zum Epochenwechsel der sozialliberalen Koalition (siehe Kapitel 4).

Im Frühjahr und Sommer des Jahres 2010 erlebten wir ähnliche Ansätze zur Überwindung einer neuerlichen Demokratieverdrossenheit. Die spontane Zustimmung, die dem idealistischen Demokraten Joachim Gauck anlässlich seiner Kandidatur zum Amt des Bundespräsidenten zuteil wurde, ist unserem Gemeinwesen wesentlich bekömmlicher, als es etwa die Wirkung der Thesen eines Thilo Sarrazin ist. Aber auch er findet – teilweise diffuse – Zustimmung. Deshalb ist demokratische Wachsamkeit geboten.

Bürgerschaftliche Initiativen und andere Formen zur Aufarbeitung der Erblasten

Die ersten bürgerschaftlichen Initiativen zur Aufarbeitung unserer Erblasten waren Ende der fünfziger Jahre entstanden. In dieser Zeit hatte der Jurist Lothar Kreyssig in der DDR die protestantisch geprägte *Aktion Sühnezeichen* gegründet, die jungen Menschen freiwillige Arbeitseinsätze in europäischen Ländern anbot, die von Hitler zerstört worden waren. Anfang der sechziger Jahre nahmen sie auch in der Bundesrepublik ihre Tätigkeit auf, erhielten jedoch, weil des Sozialismus verdächtigt, zunächst keine Unterstützung seitens der bundesdeutschen Regierung, auch nicht von den Kirchen. Nachdem sie aber – allen zum Trotz oder trotz allem – 1965 den ersten Theodor-Heuss-Preis verliehen bekamen, wurden sie auch im Westen bekannt. Leider durfte zur Preisverleihung kein Vertreter der *Aktion Sühnezeichen* aus der DDR einreisen. Durch ihr jahrzehntelanges Engagement haben die Mitglieder dieser Organisation in der Bundesrepublik und in den Ländern ihrer Einsätze Ansehen und hohe Anerkennung gefunden. Heute nennt sie sich *Aktion Sühnezeichen – Friedensdienste*, weil ihre Projekte nun auch in weltweiten Armutsgegenden durchgeführt werden. Ich halte sie für eine der wichtigsten und anerkanntesten Initiativen, weil sie sich um moralische und humanitäre Friedensdienste bemüht. Ihre zunächst mit Argwohn beäugte Entstehungsgeschichte kennt heute kaum noch jemand.

Ein weiteres Beispiel ist die vom Deutschen Evangelischen Kirchentag gegründete *Christlich-Jüdische Arbeitsgemeinschaft*, die auf Kirchentagen bis heute mit eigenen Programmen tätig ist. Ich habe mehrfach daran teilgenommen und war, obgleich theologisch ein absoluter Laie, immer tief beeindruckt von der Ernsthaftigkeit des interreligiösen Diskurses mit dem Ziel, Gemeinsamkeiten im Bibelverständnis zu entdecken und jahrhundertealten Vorurteilen zu begegnen. Mit diesem Engagement wurde die Evangelische Kirche und mit ihr eine wachsende Zahl junger motivierter Christen ab Mitte der sechziger Jahre zu einer Art Gewissensinstanz für versäumte Besinnung und Aufarbeitung. Auch empfinde ich bis heute die Beiträge der Christlich-Jüdischen Gesellschaften mit ihrer alljährlichen »Woche der Brüderlichkeit« – ich würde sie gern in »Woche der Geschwisterlichkeit« umbenennen – als ein wichtiges Bemühen um einen Neuanfang im deutsch-jüdischen Zusammenleben.

In den siebziger Jahren erlebten wir in allen Bereichen der bis dahin unzulänglichen Auseinandersetzung mit der NS-Vergangenheit einen vielfältigen Aufschwung. Vor allem die Wissenschaft brachte, zunächst vor allem dank der Pionierleistungen der im Münchner *Institut für Zeitgeschichte* forschenden Historiker, eine reiche Ernte an neuen Erkenntnissen und Informationen. Bis heute! Außerdem gab es mehr und mehr Veröffentlichungen über die jahrzehntelang verdrängte Geschichte und die individuellen Geschichten der dreißiger und vierziger Jahre. Stellvertretend nenne ich Victor Klemperers *Tagebücher 1933 – 1945*, in denen authentisch, weil aus dem alltäglichen Erleben über Drangsale und Ängste, über Entwürdigungen und Schikanen gegen die Juden, die bis zu ihrer Deportation in Deutschland geblieben waren, Aufzeichnungen gemacht wurden. Unvergesslich ist mir eine viertägige Rund-um-die-Uhr-Lesung der *Tagebücher*, die in den Münchner Kammerspielen vor einem gebannt zuhörenden Publikum stattfand. Die Schriften Dietrich Bonhoeffers zählen ebenfalls zur authentischen Widerstandsliteratur, sie waren und sind für mich auch als Glaubenserfahrung wichtig. *Die Abschiedsbriefe aus dem Gefängnis Tegel* von Helmuth und Freya von Moltke sind die eindrücklichsten und bewegendsten Dokumente über Widerstand und Ergebung aus der Sicht liebender Menschen.

Eindringlich sind auch die historiographischen Darstellungen des Historikers Saul Friedländer über *Das Dritte Reich und die Juden* sowie die in neun Bänden von Wolfgang Benz und Barbara Distel herausgegebene Enzyklopädie *Der Ort des Terrors*, die die Geschichte der vierundzwanzig nationalsozialistischen Stammlager und der über 1200 Nebenlager dokumentiert. Für mich gehört dieses Sammelwerk zusammen mit den vorher genannten Büchern zu den entscheidenden Quellen über die NS-Zeit. Ergänzt werden sie von den großen Hitler-Biographien Alan Bullocks, Ian Kershaws und Joachim Fests.

Auf dem Prüfstand: das deutsch-israelische und das christlich-jüdische Verhältnis

Aufsehen und Anteilnahme erregten großartige zeitgeschichtliche Fernsehsendungen, 1978/79 etwa die vierteilige amerikanische Fernsehserie *Holocaust* über die in Berlin lebende jüdische

Arztfamilie Weiss sowie 1985 die neunstündige Dokumentation *Shoah* des französischen Regisseurs Claude Lanzmann, für die hauptsächlich Zeitzeugen befragt wurden, und 1993 die Steven-Spielberg-Produktion *Schindlers Liste*. Diese drei Filme erreichten viele – vor allem auch junge Zuschauer, die sich zuvor wenig oder gar nicht mit den Verbrechen der NS-Zeit beschäftigt hatten. Oft erzeugten sie auch nachhaltige Anteilnahme und wurden so etwas wie ein Wendepunkt im öffentlichen Bewusstsein hinsichtlich des Holocaust. Es hat auch heftige vergangenheitspolitische Kontroversen gegeben, die aber letztlich befreiend wirkten. Stellvertretend nenne ich die Lernprozesse um die *Wehrmachtsausstellungen* sowie den leidenschaftlich geführten *Historikerstreit*.

Auch das Zusammenleben von nicht-jüdischen Deutschen und jüdischen Bürgern hat sich sehr erfreulich entwickelt. Dazu tragen zahlreiche neue Stätten der Erinnerung bei sowie die Förderung beim Bau von Synagogen, Kulturstätten und jüdischer Studien- und Forschungseinrichtungen. Oft empfinde ich es wie ein Wunder: Nach dem Krieg lebten nur etwa 15 000 Juden in Deutschland, zumeist Überlebende aus Osteuropa. Heute sind es über 100 000, darunter viele Juden aus der ehemaligen Sowjetunion. Es ist zu hoffen, dass auch sie in ihrer neuen Heimat Fuß fassen.

Alles in allem herrscht ein reges und selbstverständliches Zusammenleben zwischen Juden und nicht-jüdischen Deutschen in allen kulturellen Bereichen: Die Werke der israelischen Schriftsteller wie Amos Oz oder Ephraim Kishon gehören zu den deutschen Bestsellern. Der Film *Alles auf Zucker!* des Schweizer Regisseurs Dani Levy war ein großer Publikumserfolg, und Klezmer-Musik begeistert nicht nur die junge Generation. Es gibt jüdische Buchhandlungen und jüdische Kulturwochen, die gut besucht werden.

Schulklassen und Jugendgruppen engagieren sich gelegentlich gegen den Widerstand engstirniger Mitbürger für die Aufarbeitung des Schicksals einst ansässiger Juden oder überlebender ehemaliger Zwangsarbeiter. Das Gleiche gilt für junge Menschen, die helfen, geschändete jüdische Friedhöfe instand zu setzen oder gegen wieder wachsenden Antisemitismus, Rassismus und Fremdenhass aktiv zu werden.

Allgemein hat sich das Zusammenleben von Juden und Nicht-Juden spürbar normalisiert, wenn auch der nach wie vor ungelöste Nahost-Konflikt gelegentlich Schatten auf unsere Beziehungen wirft und auch unsere kritische Anteilnahme nicht ausbleibt.

Wenn auch Anlass zu wachsendem Optimismus besteht – von dauerhaft ungetrübter Normalität kann im deutsch-jüdischen Verhältnis erst dann gesprochen werden, wenn das Existenzrecht Israels in gesicherten Grenzen erreicht ist und jüdische Menschen und Einrichtungen in unserem Land nicht mehr von rechtsextremen oder islamistischen Übergriffen bedroht sind. Einen Schlussstrich kann es bis dahin nicht geben.

Hin und wieder wird am Prozess der Aufarbeitung oder an seiner Glaubwürdigkeit Kritik geübt. Ja, es stimmt: Manches hätte rechtzeitiger und anders verlaufen können. Verglichen jedoch mit der schier hoffnungslosen Ausgangssituation, ist seit den 1950er Jahren vieles geschehen und durch aufrichtige Bemühungen auch auf einen guten Weg gebracht worden. Es ist so, wie es Richard von Weizsäcker in seiner Rede zum vierzigsten Jahrestag der Befreiung von der NS-Diktatur auf den Punkt gebracht hat:

Die Jungen sind nicht verantwortlich für das, was damals geschah. Aber sie sind verantwortlich für das, was in der Geschichte daraus wird … Wir Älteren schulden der Jugend nicht die Erfüllung von Träumen, sondern Aufrichtigkeit … Wir wollen ihnen helfen, sich auf die geschichtliche Wahrheit nüchtern und ohne Einseitigkeit einzulassen, ohne Flucht in utopische Heilslehren, aber auch ohne moralische Überheblichkeit.

Ich denke, wenn wir diesen Rat auch künftig beherzigen, dann war der lange Weg zur Selbstfindung nicht vergebens.

Demokratie fordert Höchstleistungen –
manchmal aber auch gemeinsames Lachen.

4
Demokratie ist keine Zauberformel:
Über Bausteine und Baustellen der Demokratie
als Staats- und Lebensform

Das Grundgesetz entsteht

Theodor Heuss hatte es bereits am 18. März 1946 in einer Berliner Rundfunkansprache prophezeit:

> *Die Demokratie ist keine Zauberformel für die Nöte der Welt, die gibt es auch in der Demokratie, sondern das Ergebnis politischer Bildung und demokratischer Gesinnung. Wir Deutschen müssen beim Wort Demokratie ganz von vorn anfangen mit dem Buchstabieren.*

Dieses Demokratie-Buchstabieren-Lernen, das war es, worum es in den ersten Jahren der Nach-Hitler-Zeit ging. Zuerst in den Kommunen, ab 1946/1947 in den Ländern der westlichen Besatzungszonen, dann bei Landtagswahlen und schließlich, nach dem Zusammenschluss der drei westlichen Besatzungszonen 1948, mit der daraus folgenden nicht ganz freiwilligen Gründung eines provisorischen Weststaates, nachdem alle alliierten Verhandlungen mit der Sowjetunion gescheitert waren.

Wenn man bedenkt, dass dieses Provisorium namens *Bundesrepublik*, das 1948/49 entstand, zum Grundstein einer Erfolgsgeschichte wurde, kann man über die Kühnheit aller damaligen Beteiligten nur staunen und sich dankbar ihrer erinnern. Im September 1948 entsandten die Länderparlamente der westlichen Zonen fünfundsechzig Abgeordnete, darunter vier Frauen (Friederike Nadig, Elisabeth Selbert, Helene Weber und Helene Wessel), in den Parlamentarischen Rat, der unter denkbar unwirtlichen Bedingungen seine Arbeit in Bonn aufnahm. Die Väter und Mütter unseres Grundgesetzes waren – wie man auf alten Fotos erkennen kann – ausgemergelte und von ihren Schicksalen gezeichnete Menschen. Innerhalb von neun Monaten erarbeiteten sie das Grundgesetz mit seinen 146 Artikeln, und am 23. Mai 1949 stimmten ihm alle Bundesländer zu – bis auf Bayern (was formal übrigens bis heute nicht nachgeholt ist). Es war eine ungeheure Leistung, die die Abgeordneten unter schlechtesten räumlichen und technischen Arbeitsbedingungen da vollbrachten. Sie waren im Bonner Naturkundemuseum Koenig einquartiert, wo die ausgestopften Wildtiere erst zur Seite geräumt werden mussten. Die Ausschusssitzungen fanden in der Pädagogischen Akademie statt – dem späteren Bundeshaus. Die Ernährung war immer noch unzureichend, die Reisemöglichkeiten vom Heimatort der Beteiligten nach Bonn mehr als beschwerlich. Doch vor allem belastete sie die Ungewissheit, was es mit diesem Provisorium und dem anschließend zu gründenden Staat auf sich haben würde.

Während der Beratungen gab es einige hitzige Debatten, zum Beispiel über den Föderalismus und eine Zweite Kammer, den Bundesrat, oder über das Eltern- und das Wahlrecht. Der Liberale Theodor Heuss und der Sozialdemokrat Carlo Schmid, der auch Vorsitzender des Hauptausschusses im Parlamentarischen Rat war, erwiesen sich als die eigentlichen Architekten des Grundgesetzes. Und es wurde ein gutes Grundgesetz, denn es gewährt und garantiert Menschenrechte!

Am 23. Mai 1949 fand die dritte und abschließende Lesung statt, eigentlich ein Gedenktag, der seinerzeit aber fast geschäftsmäßig ablief. Liest man die Protokolle von damals, waren es eigentlich nur zwei Redner, die dem Ergebnis vorbehaltlos und ohne Wenn und Aber zustimmten. Der eine war der damals dreiundsiebzigjährige Konrad Adenauer, der als Präsident des Parlamentarischen Rats fungierte und zu Protokoll gab, dass dieser 23. Mai 1949 für ihn »der erste frohe Tag seit 1933« sei. Der andere war der fünfundsechzigjährige Heuss, der das Grundgesetz nachdrücklich als »ein ganz kleines Stück festen Bodens für das deutsche Schicksal« begrüßte. Das neue Gemeinwesen selbst erhielt den Namen »Bundesrepublik Deutschland«.

Gab es nun Jubel in Westdeutschland oder zumindest Erleichterung? Ich kann mich an nichts dergleichen erinnern. Von den historischen Ereignissen in Bonn haben wohl die wenigsten Westdeutschen etwas mitbekommen. Begeistert war man nur, dass es endlich genug zu essen gab und bald auch wirtschaftlich aufwärts ging. Das große und auch dauerhafte Verfassungswerk war praktisch unter Ausschluss der Öffentlichkeit entstanden. Mangelnde Berichterstattung war sicher ein Grund dafür, gab es doch damals nur wenige Zeitungen, von einer »Medienlandschaft« ganz zu schweigen. Es sollte Jahre, bei manchen Jahrzehnte dauern, bis sich die Menschen als Bundesbürger mit »ihrem« Grundgesetz identifizierten. Das Demokratie-Buchstabieren-Lernen brauchte eben viel Zeit.

Am 14. August 1949 fanden die ersten Bundestagswahlen statt. Damals existierte noch keine Fünf-Prozent-Sperrklausel, und so kamen zehn Parteien in den ersten Bundestag, der sich am 10. September 1949 konstituierte und zwei Tage später den ersten Bundespräsidenten wählte: den FDP-Vorsitzenden Theodor Heuss. Seine Kandidatur war in Teilen der CDU wegen seiner angeblich »mangelnden Frömmigkeit« umstritten. Adenauer aber brauchte die Liberalen zur Regierungsbildung und beschied die Zweifler: »Aber seine Frau ist sehr fromm.«

Theodor Heuss – der Abraham Lincoln unserer Demokratie

Direkt nach seiner Wahl am 12. September hielt Heuss zwei bedeutende Reden, eine vor dem Bundestag und die andere auf dem Bonner Marktplatz. Beide gehören zumindest in Ausschnitten in deutsche Geschichtsbücher, weil Heuss darin sehr wichtige, jedoch zu jener Zeit noch nicht allgemeingültige Überzeugungen für ein künftiges Demokratieverständnis formulierte:

Es ist – davon ist neuerlich nicht viel zu sagen – das geschichtliche Leid der Deutschen, dass die Demokratie von ihnen nicht erkämpft wurde, sondern als letzte, als einzige Möglichkeit der Legitimierung eines Gesamtlebens kam, wenn der Staat in Katastrophen zusammengebrochen war. Dies ist die Last, in der der Beginn nach 1918, in der der Beginn heute vor uns steht, das Fertigwerden mit den Vergangenheiten ...

Es ist eine Gnade des Schicksals beim Einzelmenschen, dass er vergessen kann. Wie könnten wir als Einzelne leben, wenn all das, was uns an Leid, Enttäuschungen und Trauer im Leben begegnet ist, uns immer gegenwärtig sein würde! Und auch für die Völker ist es eine Gnade, vergessen zu können. Aber meine Sorge ist, dass manche Leute in Deutschland mit dieser Gnade Missbrauch treiben und zu rasch vergessen wollen. Wir müssen das im Spürgefühl behalten, was uns dorthin geführt hat, wo wir heute sind. Das soll kein Wort der Rachegefühle, des Hasses sein. Ich hoffe, dass wir dazu kommen werden, nun aus dieser Verwirrung der Seelen im Volk eine Einheit zu schaffen. Aber wir dürfen es uns nicht so leicht machen, nun das vergessen zu haben, was die Hitler-Zeit uns gebracht hat.

Nachmittags, am selben Tag, rief Heuss dann auf dem Bonner Marktplatz den freundlich applaudierenden Bürgern zu:

Wenn unsere Verfassung nicht im Bewusstsein und in der Freude des Volkes lebendig ist, dann bleibt sie eine Machtgeschichte von Parteienkämpfen, die wohl notwendig sind, aber nicht ihren inneren Sinn der Verfassung erfüllen.

Erst Jahre später konnte ich ermessen, was er damit meinte: Es ging ihm um ein Verfassungsverständnis, das über Parteien, Wahlen und Machtkämpfe hinaus das Fundament unser aller Verbundenheit sein müsste. Heute lese ich dieses Zitat mit leicht nostalgischen Gefühlen, wie die Botschaft aus einer heilen politischen Welt, die es, anders als in Ländern mit selbst erkämpften Demokratien, hierzulande nie gegeben hat und wohl auch nie geben wird. Aber als Postulat und Vorsatz sollte es gültig sein und bleiben.

78

Heuss wurde während seiner zehnjährigen Präsidentschaft durch sein heute weitgehend vergessenes Wirken zum eigentlichen geistigen Gründungsvater unserer Republik. Er war so etwas wie der Abraham Lincoln der deutschen Demokratie. Da er aber als Präsident keine exekutiven Zuständigkeiten hatte, konnte er sich in den Lauf der praktischen Politik nicht einmischen. Diese lief zumeist konträr zu seinen Vorstellungen vor allem vom Umgang mit den Erblasten der NS-Zeit. Sie wurden in Regierung und Bevölkerung so gut wie nicht aufgegriffen und nachvollzogen. Das gilt auch und vor allem für seine Aufforderung, unsere Verfassung »im Bewusstsein und in der Freude des Volkes« lebendig zu halten. Das wäre von Anbeginn so etwas wie ein stilbildender Auftrag gewesen, aber das Wirtschaftswunder war wichtiger. Und auch heute wieder, angesichts der besorgniserregenden Entfremdung zwischen Politikern und Bürgern, zwischen Volk und Volksvertretung, wäre genau das mehr denn je eine große und dringende Aufgabe aller Parteien und Parlamente. Freude über unsere Verfassung und Stolz auf sie, das ist es, was zu jenem Verfassungspatriotismus anstiften könnte, den unsere desillusionierte Demokratie heute so dringend brauchen würde.

Notwendigkeit einer Bürgergesellschaft

Nachdem das Grundgesetz 1949 in Kraft getreten war und unsere Demokratie als Staatsform ihren Anfang genommen hatte, änderte sich bezüglich unserer Lebensform zunächst herzlich wenig. Zwar besserten sich unsere materiellen Verhältnisse zusehends, auch machte sich der eine oder andere Fortschritt beim Wiederaufbau bemerkbar, unsere Gesellschaft und unser Zusammenleben hatten jedoch noch alle Charakteristika eines von der NS-Diktatur geprägten obrigkeitsstaatlichen Gemeinwesens. Auch verstanden wir uns nach wie vor als Untertanen – und wurden entsprechend als solche behandelt. Erst nach und nach wurde uns bewusst, dass eine freiheitliche Staatsordnung auch ein neues

Verständnis für freiheitliche Lebens- und Verantwortungsformen des Einzelnen erforderte. Und mit dem Entwickeln ging es auch ums Erproben. Behörden und Ämter zum Beispiel mussten etwas anderes werden als Zwingburgen traditioneller Obrigkeit. Ihre Bediensteten kannten in Briefen genauso wenig eine persönliche Anrede wie eine höfliche Schlussformel, geschweige denn verstanden sie sich als »Freund und Helfer« des Bürgers. Der Mut, eine eigene politische Meinung offen zu vertreten, trat nur selten zutage. Man war ja noch auf eine verordnete Einheitsmeinung getrimmt. Vor allem auf dem Land traute man sich nicht, in Wahlversammlungen politisch Andersdenkender zu gehen, es sei denn, um zu stören, wenn man ohnehin gerade in einem Lokal war und feucht-fröhlich randalierte. Frauen besuchten sowieso keine politischen Versammlungen und waren es gewohnt, wie ihre Männer zu wählen.

Einmal warf mir im oberpfälzischen Amberg eine Frau, die ich im Wahlkampf freundlich angesprochen hatte, meine Informationszettel ins Gesicht und spuckte mich an: »Pfui Deifi, wie kann eine Frau was anders wählen wie ihr Mo!« Kurz und nicht gut: Seinerzeit hatte Demokratie als pluralistische Lebensform (nicht nur in Bayern) Seltenheitswert. Das forderte mich heraus: Ich wollte den fairen Umgang miteinander, und dies auch bei unterschiedlichen Meinungen. Lebensgestaltung zu praktizieren war mir wichtiger, als im Landtag herumzusitzen und so gut wie keine Redezeit zu erhalten. Um die freiheitliche Praxis ging es mir, und die benötigten wir dringend für das Aufwachsen einer lebensfähigen Demokratie. Und es fehlten uns all die Werte, die uns die Nazis so gründlich ausgetrieben hatten: Fairness, Toleranz, Zivilcourage, Anerkennung anderer Ansichten, anderer Herkünfte, Religionen und Hautfarben. Auch brauchten wir Spielregeln für ein nicht mehr obrigkeitsstaatlich reglementiertes Zusammenleben. Für all das genügten nicht nur gelegentlich Worte zum Sonntag, gebraucht wurden »lebensgestaltende Werte« für den Alltag. Gebraucht wurde eine zweite Dimension der Demokratie, eine Lebensform und eine Bürgergesellschaft.

Denkzettel Weimarer Republik

Dafür wollte ich die Mitwirkung der Menschen, gleich welcher politischen oder weltanschaulichen Ansichten, gewinnen (freilich mit Ausnahme nazistischer): Sie sollten sich nicht mehr als Untertanen, sondern als Bürger, als »Citoyen«, verstehen, von dem, laut Artikel 20 des Grundgesetzes, »alle Staatsgewalt ausgeht«. Das heißt auch: Ein Bürger, von dem Mitdenken und Mitsprache erwünscht ist. Das heißt nicht: Dass ich eine plebiszitäre Demokratie wollte, bei der alle politischen Entscheidungen direkt vom Volk getroffen werden, aber ich wollte auch keine ausschließlich von Parteien und Bürokratien beherrschte und gesteuerte. Ich wollte und will eine repräsentative Bürgerdemokratie, die dem Menschen, ähnlich wie in der Schweiz, zwischen Wahlen Mitwirkung und Teilhabe ermöglicht. An einem solchen Bürgerbewusstsein hatte es in der Weimarer Demokratie entscheidend gefehlt, sodass sie 1933 von den Nazis beinahe widerstandslos abgeschafft werden konnte. Es hatte zu wenig mitverantwortungsbereite Bürger gegeben. Stattdessen hatte man der Monarchie nachgetrauert und der alten überschaubaren Ordnung.

Das musste uns eine Lehre sein und durfte sich nach 1949 nicht wiederholen: Es genügte einfach nicht, die Demokratie als Staatsform per Dekret wieder einzuführen, mit dem Recht, alle vier Jahre ein Kreuzchen auf einer Parteiliste oder hinter einem zumeist unbekannten Kandidaten zu machen, der intern von den Parteien bestimmt worden und allenfalls dem Namen nach oder bestenfalls aus der Zeitung bekannt war – und damit genug der Demokratie. Zudem durfte es auch nicht beim traditionell-hierarchischen System in Familien, Schulen, Kirchen, Parteien, Betrieben und im öffentlichen Leben bleiben.

Um eine Wiederholung der Fehler von Weimar zu vermeiden, stellte ich mir Demokratie nicht nur als ein Staatssystem vor, sondern auch als eine Lebensform, die für die Bürger von Jugend auf erfahrbar und mitgestaltbar werden müsste. Auch müssten altersgemäße Partizipationsrechte Bestandteil der Verfassungswirklichkeit sein. Unsere Demokratie müsste auf zwei Beinen stehen, und sie dürfte keine Einbahnstraße sein. Im Grundgesetzartikel 20 heißt es, dass alle Staatsgewalt vom Volke ausgeht und in Wahlen und Abstimmungen ausgeübt wird. Hier tut sich in der Verfassungswirklichkeit eine folgenschwere Diskrepanz auf: Wahlen: Ja, alle vier oder fünf Jahre – Abstimmungen jedoch: Fehlanzeige, also keine Möglichkeit, von dem wichtigen Verfassungsrecht der Mitwirkung zwischen den Wahlen Gebrauch zu machen.

Das bedarf meines Erachtens ganz dringend einer Revision: Entweder muss das Wort »Abstimmung« aus der Verfassung gestrichen oder aber für die Ausübung ausgeformt und zu einer zweiten Dimension der Demokratie konkretisiert werden. Eingedenk der Erfahrung des Scheiterns der Weimarer Republik, habe ich mich dieser Revision unserer Verfassungswirklichkeit zugunsten partizipatorischer Bürgerrechte von Anbeginn verschrieben. Dies hat mein Demokratieverständnis entscheidend geprägt und mich im Machtgefüge der parlamentarisch verfassten Parteiendemokratie zur Außenseiterin, gelegentlich zum Ärgernis gemacht.

Ich habe mein demokratisches Politikverständnis nie über meine Parteizugehörigkeit oder das Parlamentsreglement definiert, sondern immer über das Wohl und Wehe unseres immer noch nicht gefestigten freiheitlichen Gemeinwesens. Dabei weiß ich sehr wohl, dass ich darüber mehr als einmal in Konflikte mit mir und anderen gekommen bin und zur »Parteisoldatin« wenig getaugt habe, aber ich habe auch erfahren, dass mein Bemühen Früchte getragen hat, dass ich Menschen für die Demokratie gewonnen und für meine Vorstellungen und Initiativen Zustimmung und Unterstützung erhalten habe. Natürlich durften trotz aller gesinnungspolitischen Orientierung meine verantwortungspolitischen Pflichten und Aufgaben in der tagespolitischen Kernerarbeit nicht zu kurz kommen. Davon soll nun wieder berichtet werden.

Im Landtag – mit einer CSU à la Ludwig Thoma

Zurück zu den Bausteinen der Demokratie: Im Dezember 1950 wurde ich nach der Rückkehr aus den USA zusätzlich zu meinem Stadtratsmandat in den Bayerischen Landtag gewählt und als einzige Frau Mitglied der damals sehr heterogenen siebenköpfigen FDP-Fraktion. Damit begann mein konkreter Einstieg in das zeitgeschichtliche Geschehen, und zwar gleich auf zwei Ebenen: Auf der landespolitischen Ebene befand ich mich im Milieu eines klerikal-konservativen Staatspartei, der ich als junge Protestantin natürlich unterlegen war. Auf der zweiten Ebene, der Bundesebene, lernte ich im Rahmen der Parteiarbeit, in Ausschüssen und Gremien, Konrad Adenauers Aufstieg und später seinen langsamen Abstieg kennen und bekam die erschreckende bundesrepublikanische Restaurationszeit mit. So sehr ich die Versöhnungspolitik Adenauers mit den westlichen Nachbarn unterstützte, umso mehr opponierte ich gegen die Wiederbewaffnung und vor allem gegen die offenkundige Verschleppung der Umsetzung des Gleichberechtigungsgebots von Mann und Frau in der Gesetzgebung.

Mein Hauptwirkungsfeld aber war der Landtag, der von der allmächtigen CSU-Fraktion und einem Prälaten als Fraktionsvorsitzenden beherrscht war. Ihre Abgeordneten waren Ludwig-Thoma-Figuren: Bauern, Klerikale, verängstigte Mitläufer und re-christianisierte Nazis. Da gab es kein Pardon, vor allem nicht gegenüber einer Frau.

Eigentlich hatte ich ständig schwere Zeiten und einen kaum erträglichen Stand im »Hohen Haus«. Berge von Landtagsprotokollen haben das festgehalten, samt Zwischenrufen und ablehnenden Voten. Ein fester Ausschusssitz wurde mir verweigert, desgleichen ein Arbeitsplatz. Einzig gestand man mir ein kleines Schließfach für Landtagsdrucksachen zu. Erst ab 1954 wurden die Bedingungen besser.

Zustimmung und Rückhalt erhielt ich über die Jahre dann mehr und mehr aus der Öffentlichkeit, von Frauen und Lehrern, von Universitätsprofessoren und Mitgliedern der Evangelischen Kirche, die mich unterstützten und meine Wiederwahl in den Landtag durch ihre Zweitstimme sicherten.

Pluspunkt: bürgerschaftliches Engagement

Mit Beginn der sechziger Jahren lehnten sich verstärkt Bürger gegen staatliche oder kommunale Entscheidungen auf, zum Beispiel bei städteplanerischen Fragen und der Verkehrssicherheit, später was den Bau von Atomkraftwerken betraf und zunehmend auch bei Umweltangelegenheiten. Diese Initiativen waren zwar anfangs nicht besonders gern gesehen und oft heftigen bürokratischen Schikanen ausgesetzt, heute aber gehören sie zu den Selbstverständlichkeiten einer aktiven Bürgergesellschaft, die sich als Ventil des Bürgerwillens oder als Korrektiv unerwünschter Mammutprojekte immer offensiver zu Wort melden.

Den ersten Vorläufer eines bundesweiten Bürgerprotests gab es bereits 1957. Er richtete sich gegen die Versuche des damaligen Verteidigungsministers Franz Josef Strauß, eine atomare Aufrüstung der Bundeswehr durchzusetzen. An diesem ersten Bürgerprotest habe ich aktiv teilgenommen. Da stand ich in München einige Male zusammen mit Erich Kästner »Mahnwache«, zumeist im strömenden Regen, verteilte Handzettel und hielt als studierte Chemikerin flammende Reden über nukleare Gefahren. Wir hatten Erfolg, das Projekt scheiterte, aber wir hatten auch Ärger wegen der damals ungewohnten Einmischung in brisante Staatsangelegenheiten, von denen wir, das Volk, angeblich nichts verstanden.

Das war aber nur der Anfang politischer Protestbewegungen. Spektakulär war – abgesehen von den jahrelangen Demonstrationen gegen den NATO-Doppelbeschluss Ende der siebziger, Anfang der achtziger Jahre – der Fall Wackersdorf in der Oberpfalz, wo ab 1985 jahrelang Samstagsdemonstrationen schließlich auch zur Aufgabe des Vorhabens führten, an diesem Standort eine atomare Wiederaufbereitungsanlage zu bauen.

Der Bürgeraufstand 2010 und 2011 gegen den Abriss des denkmalgeschützten Stuttgarter Bahnhofs ist ein weiteres Beispiel, dass die einst ohnmächtige Zivilgesellschaft neben Legislative, Exekutive und Judikative zu einer Art »vierten Gewalt« im Staate heranwächst, und es an der Zeit ist, dieser Entwicklung einen bundesgesetzlichen Rahmen zu geben.

Am erfolgreichsten waren die bayerischen Bürger im Gebrauch von Volksbegehren und Volksentscheiden gemäß Artikel 74 der Bayerischen Verfassung. Ich erprobte es damit erstmals 1966. Heute ist es unvorstellbar, wie viel Energie, Zeit und Fantasie die Durchführung eines beinahe handgestrickten Volksbegehrens erforderte.

Zunächst hatte ich mich im Landtag in nicht enden wollenden Bemühungen und Kämpfen um die Entkonfessionalisierung von Schulen bemüht. Bis in die Mitte der sechziger Jahre existierten in Bayern etwa achttausend einklassige, zumeist katholische Volksschulen. Deshalb lag der Schwerpunkt meines Einsatzes auf einer umfassenden Volksschulreform mit Hilfe eines Volksbegehrens. Beim ersten Versuch scheiterten wir knapp an den geforderten zehn Prozent Bürgerunterstützung, beim zweiten Anlauf gelang es, was damals sensationell in der Sache und überraschend im Ergebnis war. Es war das erste erfolgreiche Volksbegehren überhaupt – und ein Sieg wie David gegen Goliath. Die Konfessionsschulen wurden in christliche Gemeinschaftsschulen umgewandelt.

Wenige Jahre später gab es ein ebenfalls erfolgreiches Volksbegehren zur Rundfunkfreiheit, mit dem die Inbesitznahme des Bayerischen Rundfunks durch die CSU verhindert wurde. Und auch das Begehren zur Abschaffung des kompetenzlosen bayerischen Alt-Herren-Senats, der Zweiten Kammer, sowie die Einführung von Bürgerentscheiden auf kommunaler Ebene bedeuteten weitere demokratische Pluspunkte: Ohne diese in der Bayerischen Verfassung im Artikel 74 verbrieften Mitbestimmungsrechte gäbe es in Bayern wohl noch immer die konfessionelle Trennung der Schulkinder und keine kommunale Mitsprache der Bürger.

Die Theodor-Heuss-Stiftung zur Stärkung der Demokratie

Bürgerschaftliches Engagement darf sich jedoch nicht in Protesten erschöpfen. Sein Kernstück sind freiwillige und eigenwillige Initiativen, die das Aufwachsen einer nicht von Parteien gesteuerten Kultur demokratischer Verantwortung sowie einer Zivilgesellschaft außerhalb des etablierten Parteienreglements auf den Weg bringen. Hierfür drei Beispiele:

Ein Jahr nach dem Tod von Heuss wurde 1964 die überparteiliche *Theodor-Heuss-Stiftung zur Förderung der politischen Bildung und Kultur* gegründet, deren Vorsitzende ich über vierzig Jahre lang war. In der Satzung heißt es:

Die Stiftung will die Entwicklung unserer Demokratie kritisch begleiten, positive Entwicklungen ermutigen, Fehlentwicklungen aufzeigen ... demokratisches Engagement der Bürger fördern sowie ein offenes Forum für Grundfragen des demokratischen Zusammenlebens sein.

Jahraus, jahrein haben wir mutiges, demokratisches Engagement und Zivilcourage mit Preisen und Medaillen ausgezeichnet und damit Bürgerinnen und Bürger dazu ermutigt, sich am demokratischen Zusammenleben innerhalb der Gesellschaft zu beteiligen. Bei der ersten Verleihung 1965 wurde nicht nur die bereits erwähnte *Aktion Sühnezeichen* ausgezeichnet, sondern auch der Theologe und Pädagoge Georg Picht, der die erste Kampagne gegen die deutsche Bildungskatastrophe initiiert hatte (siehe Kapitel 6). 1967 war es die Initiative *Student aufs Land*, die sich zum Ziel gesetzt hatte, die Bildungschancen für Landkinder zu verbessern, um so das regionale Bildungsgefälle zu verringern. 1970 folgte die *Bürgeraktion zum Schutze der Demo-*

kratie, die im Bundestagswahlkampf 1969 durch unermüdliche Aufklärung dazu beigetragen hatte, dass die NPD an der Fünf-Prozent-Hürde scheiterte und nicht in den Bundestag einzog.

Bereits 1974 wurde die *Münchner Initiativgruppe zur Betreuung ausländischer Kinder* geehrt – die sich einer damals noch völlig unbekannten und unbeachteten Thematik verschrieben hatte. 1980, 1983 sowie 1996 haben wir sie immer von Neuem aufgegriffen, desgleichen würdigten wir wiederholt Initiativen gegen den aufkeimenden *Rechtsextremismus*, gegen Ausländerfeindlichkeit und Antisemitismus. Nach dem Fall der Mauer erhielten die DDR-Bürgerrechtler Ulrike Poppe, Jens Reich, Joachim Gauck, Christian Führer und andere Medaillen stellvertretend für »die *friedlichen Demonstranten des Herbstes 1989* in der damaligen DDR«.

In den achtziger Jahren wurde von der *Heuss-Stiftung* ein Stipendienprogramm für Schüler ins Leben gerufen, welches demokratisch engagierte junge Menschen in ihrer Ausbildung unterstützte und förderte.

Im Lauf der Jahrzehnte machte unser Konzept Schule. Als ich die Theodor-Heuss-Stiftung gründete, war sie mit ihrer Zielsetzung noch allein auf weiter Flur. Heute gibt es unzählige ähnliche Projekte: Fast jede Stadt rühmt sich der Auszeichnung aktiver Bürger und beispielgebender Aktivitäten, die der Demokratie als Lebensform weiteren Auftrieb geben. Und das freut die Gründerin der ersten Stiftung zur Förderung der Demokratie als Lebensform.

Eine weitere Initiative ist das von dem Pädagogen Andreas Flitner und mir 1989 gesamtdeutsch gegründete Förderprogramm für Schulen und Schüler: *Demokratisch Handeln*. Alljährlich werden – mit Hilfe einer Ausschreibung – aus etwa 300 Bewerbungen aus allen Schularten etwa vierzig bis fünfzig Projekte ausgewählt und zu einer viertägigen »Lernstatt Demokratie« eingeladen, um ihre Vorstellungen für das Gemeinwesen Schule zu diskutieren.

Abgesehen von den beiden genannten Stiftungen gab es

noch andere Tätigkeiten, in denen ich zur Demokratie als Lebensform beitrug. Dazu gehörten die schon erwähnten Kirchentage. Dabei war es mir von Anfang an wichtig, mich nicht nur mit den Irrtümern und Verhängnissen der deutschen politischen Geschichte – und dem Anteil der Kirche daran – auseinanderzusetzen, sondern mich auch an der verantwortlichen Gestaltung eines freiheitlichen Zusammenlebens religiöser Laiengemeinschaften zu beteiligen. Das konnte im Rahmen von Kirchentagen mit christlichen Werten und Verantwortlichkeiten vertieft, verstetigt und konkretisiert werden. Für Christen hieß das, sich an der demokratiepolitischen Gestaltung der Gegenwart aktiv zu beteiligen, Missstände aufzuzeigen und Alternativen zu erproben.

Abgesehen von diesen permanenten Beteiligungen gab es für mich viele temporäre Baustellen wie zum Beispiel die Hilfe für Drogenabhängige und Behinderte, die Beteiligung an der Entwicklung des Zweiten Bildungsweges und multikulturelle Projekte. In all diesen Bereichen kann der Staat nicht mehr ausreichende finanzielle Leistungen erbringen, sie müssen daher von der Gesellschaft unterstützt und erhalten werden.

Hoffnungsvoller Ausblick

In der Rückschau steht mein demokratiepolitisches Engagement auf der Habenseite meiner politischen Lebensbilanz, und ich kann nur hoffen und wünschen, dass es diese zweite demokratische Dimension ist, die dazu beiträgt, unserer schwächelnden Parteiendemokratie zu neuem Auftrieb und neuer Glaubwürdigkeit zu verhelfen. Im Übrigen bin ich der Meinung, dass sinnvolle bürgergesellschaftliche Beiträge in unserem Land mindestens mit – sagen wir – der Hälfte der finanziellen Mittel gefördert werden sollten, wie sie die Parteien aus Steuergeldern erstattet bekommen (siehe Kapitel 5). Eine wissenschaftliche Untersuchung hat nämlich ergeben, dass sich der Großteil der Bürgerinnen und Bürger lieber in freien Initiativen engagiert als in politischen Parteien. Auch deshalb bedarf die Parteiendemokratie so dringend einer zweiten Dimension, der ich allerdings seitens des Staates eine größere Aufmerksamkeit und Unterstützung wünsche.

Insgesamt halte ich die vielfältige Entwicklung unserer Demokratie als Lebensform für ein wirklich erfreuliches Kapitel unserer politischen Geschichte, und ich bin froh, dass ich dazu beitragen konnte und kann. Natürlich erlebte ich auch Enttäuschungen. Manchmal erlahmte der erste Auftrieb zu rasch, oder man kümmerte sich um die anstehenden Gravamina nur nach dem Sankt-Florians-Prinzip, engagierte sich nur in eigener Sache. Dennoch: Entscheidend ist, dass unsere Demokratie mit dem Aufwachsen dieser zweiten Dimension – anders als die Weimarer Demokratie – ein festes Fundament und einen stabilen Rückhalt für gute, aber auch schlechte Zeiten erhalten hat.

»Unser Willy heißt Walter«

Doch zurück zur Politik der sechziger Jahren: Die Adenauer-Ära ging Mitte dieses Jahrzehnts zu Ende und damit auch die eher restaurative Epoche der Gründerzeit der Bundesrepublik. Konrad Adenauer hatte sich zwar große Verdienste um den Aussöhnungsprozess mit Frankreich und den westlichen Demokratien erworben, nun aber überwogen das Versäumnis innenpolitischer Reformen und außenpolitische Stagnation in Mittel- und Osteuropa. Dies war vor allem die Folge der Hallstein-Doktrin von 1955, die diplomatische Beziehungen zu Staaten verbot, die die DDR anerkannten. Das bedeutete Lähmung jedweder Ostpolitik.

Nach einer Übergangszeit mit Ludwig Erhard als zweitem und Kurt Georg Kiesinger als drittem Kanzler der Bundesrepublik bahnte sich 1969 ein Politikwechsel zur sozialliberalen Ära von Willy Brandt und Walter Scheel und ab 1974 von Helmut Schmidt und Hans-Dietrich Genscher an.

Der erste Vorbote dafür war 1969 die Wahl Gustav Heinemanns zum Bundespräsidenten, der 1952 die CDU verlassen hatte und 1957 der SPD beigetreten war. Seine Wahl war sozusagen der Probelauf für die im Herbst 1969 folgende Koalitionsbildung. Innenpolitisch wollten wir mehr »Demokratie wagen« und endlich die beschwiegenen und verdrängten Erblasten aus der NS-Zeit aufarbeiten und ins öffentliche Bewusstsein tragen. Außenpolitisch wollten wir uns bemühen, einen Entspannungs- und Verständigungsprozess mit den osteuropäischen Staaten im sowjetischen Machtbereich in Gang zu bringen, so wie ihn 1963 der kreative und unermüdliche Egon Bahr als *Wandel durch Annäherung* definierte. Beides war ein Wagnis, beides war überfällig. Beides wurde kein einfacher Siegeszug, aber immerhin ein Aufbruch aus der konservativen Stagnation. Dabei war ich nicht mehr als ein Rädchen im großen Getriebe. Als nunmehr Staatssekretärin im Bundesbildungsministerium bastelte ich 1970 an einem *Bildungsgesamtplan* für Bund und Länder, der bis 2002 in Archiven verstaubte, um anlässlich des PISA-Schocks mit fast dreißigjähriger Verspätung wiederentdeckt zu werden (siehe Kapitel 6).

Ein wesentlicher Anstoß für die neue Ostpolitik war 1965 von der Evangelischen Kirche mit einer *Denkschrift zur Vertriebenenfrage* und der Anerkennungsproblematik der Oder-Neiße-Grenze mit Polen gekommen. Nun fingen auch die Parteien an, sich mit dieser Frage öffentlich auseinanderzusetzen. Auf dem achtzehnten Bundesparteitag der FDP 1967 in Hannover brachen Hans Wolfgang Rubin, ein beherzter und couragierter Sozialliberaler, und ich das Tabu und forderten eine Kurskorrektur und Neuorientierung der deutschen Polenpolitik. Wenige Wochen vor dem Parteitag hatte ich zum ersten Mal Polen besucht, weil ich einen Bericht über das dortige Schulsystem verfassen wollte. Dabei war mir bewusst geworden, dass das Verhältnis zu diesem Land neben dem zu Israel der schwierigste Prüfstein für die Bundesrepublik sein würde, was den Umgang mit erklärten früheren Feinden und Opfern von Hitlers Rassen- und Unterdrückungspolitik betraf. *Die Stunde der Wahrheit*, so hieß nicht nur die aufrüttelnde Schrift von Rubin, in dem er in der von ihm herausgegebenen Zeitschrift *liberal* schon im März seine innen- und außenpolitischen Reformvorschläge zusammenfasste, sondern auch der nachfolgende innerparteiliche Aufbruch der FDP. Die profilierte sich mit einem neuartigen sozialliberalen Programm, den *Freiburger Thesen*, die im Oktober 1971 auf dem Bundesparteitag in Freiburg verabschiedet wurden. Zuvor hatte schon ein Vorsitzwechsel stattgefunden: Der standesbewusste, politisch rechts stehende Ritterkreuzträger Erich Mende kandidierte 1968 nicht mehr, gewählt wurde der offen-heitere Walter Scheel.

Aber nicht alle FDP-Abgeordneten sahen diese Entwicklung als positiv an und wollten die neue Politik mittragen. Einige traten zur CDU über und schwächten die ohnehin knappe Mehrheit der 1969 zustande gekommenen sozialliberalen Koalition. Nach zwanzig Jahren Bundesrepublik stellten die Unionsparteien nun erstmals nicht mehr die Mehrheit. Die Wähler wollten jedoch diese Koalition, und im Wahlkampf 1972, der engagierter geführt wurde als je einer zuvor und danach, entstand ein neues Verhältnis zwischen Bürgern und Politikern. Zum ersten Mal trugen Wähler und Sympathisanten Buttons mit der Aufschrift »Willy wählen«, und die FDP-Anhänger outeten sich mit dem Slogan: »Unser Willy heißt Walter«. Der Wahlerfolg 1972 war sensationell, und danach hatte die sozialliberale Koalition endlich einen esten Rückhalt für ihre Reformpolitik.

Die Gezeiten der sozialliberalen Koalition

Irgendwie erfand sich die Bundesrepublik damals neu, und ich gehörte von Anfang bis Ende der sozialliberalen Ära zu ihren überzeugten Mitstreitern. Jetzt begann meine nächste Bewährung, diesmal als Regierungsmitglied der Koalition, das ich mit einer Unterbrechung bis zu ihrem Ende 1982 blieb. Es war meine beste, befriedigendste und erfolgreichste Zeit. Beide Kanzler, Willy Brandt und Helmut Schmidt, waren mir und meiner Arbeit gewogen, und die Politik der außenpolitischen Entspannung und der gesellschaftlichen Reformen entsprach meinen Überzeugungen.

Als Willy Brandt am 7. Dezember 1970 vor dem Mahnmal für die Opfer des Aufstands im Warschauer Ghetto kniete, zum Zeichen der Bereitschaft zur Aussöhnung, wurde ein neues Kapitel im Buch der Geschichte der Nach-Hitler-Zeit aufgeschlagen, das zu guter Letzt zur Überwindung der Teilung Deutschlands und Europas führte. Doch bis dahin traten noch viele Turbulenzen und eine handfeste Krise auf, als Brandts persönlicher Referent Günter Guillaume als Spitzel der DDR enttarnt wurde und Brandt 1974 zurücktreten musste.

Es gab den Radikalenerlass, mit dem seit 1972 Linksextremisten aus dem öffentlichen Dienst ferngehalten werden sollten. Es kam zur Eskalation von Gewalt, die *Rote Armee Fraktion* (RAF) entführte und mordete. Es waren die unruhigsten Zeiten in der Geschichte der Bundesrepublik, aber sie festigten nicht nur bei mir das, was wir später Verfassungspatriotismus nannten: nämlich ein wachsendes Zugehörigkeitsgefühl zu unserem demokratischen Rechtsstaat und seinen Grundrechten. Sie begründeten meine Identifikation mit unserem Land.

1976 wurde ich Staatsministerin im Auswärtigen Amt, und da ich Außenminister Hans-Dietrich Genscher bei Kabinettssitzungen vertreten musste, wenn dieser auf Reisen war – was oft geschah –, lernte ich die Führungs- und Verantwortungsstärke von Bundeskanzler Helmut Schmidt sehr genau kennen und bewundern. Bei der Entführung von Arbeitgeberpräsident Hanns Martin Schleyer gelang es ihm, nicht nur die Opposition in die vom Krisenstab getroffenen Entscheidungen einzubinden, sondern auch standhaft zu bleiben und die Krise zu bewältigen, ohne dass sich die Regierung erpressbar zeigte.

Meine Bewunderung und Hochachtung für Schmidt rührt aus dieser Zeit, und damit bin ich bei einer weiteren Herausforderung und persönlichen Bewährung von grundsätzlicher Bedeutung. Es handelt sich dabei um den »konspirativen Koalitionswechsel« im September 1982, der von der FDP in Form eines konstruktiven Misstrauensantrags gegen Schmidt geschmiedet wurde. Daran wollte ich mich nicht beteiligen. Noch im Wahlkampf 1980 hatte die FDP den Wählern eine Fortsetzung der Koalition Schmidt/Genscher versprochen, ein Versprechen, das sie nun Mitte 1982, ohne neuerliches Wählervotum, brechen wollte. Seit einiger Zeit hatte sich eine wirtschafts- und finanzpolitische Rezession bemerkbar gemacht, über deren Bekämpfung die Koalitionsparteien unterschiedlicher Meinungen waren. Zudem drohte dem Kanzler, dass ihn seine Partei in der Frage des NATO-Doppelbeschlusses vom Dezember 1979 nicht weiter unterstützen würde. Der sogenannte Doppelbeschluss hätte eine atomare Nachrüstung des Nordatlantikpakts zur Folge gehabt, falls die Sowjetunion nicht bereit gewesen wäre, ihre vehemente Aufrüstung einzustellen.

In der Bundesrepublik hatte sich bereits seit Ende der siebziger Jahre eine Friedensbewegung als außerparlamentarische Opposition zusammengeschlossen, die die Koalitionsparteien durch machtvolle Demonstrationen ins Wanken bringen wollte. Zudem ließ die Sozialdemokratische Partei ihren Kanzler spürbar im Stich, während seine Fraktion ihm neuerlich das Vertrauen ausgesprochen hatte. Da sah die FDP-Führung Mitte 1982 die Zeit für den Absprung von den Sozialdemokraten gekommen (siehe Kapitel 7).

Vor der Sommerpause war in der FDP-Bundestagsfraktion zwar noch keine Mehrheit für das Misstrauensvotum vorhanden, bis in den Herbst hinein gelang es aber den Befürwortern, eine Mehrheit der liberalen Abgeordneten für den Wechsel zu überzeugen beziehungsweise zu überreden. Etwa ein Drittel der FDP-Fraktion war ohnehin nie ein Anhänger der sozialliberalen Koalition gewesen, ein knappes weiteres Drittel der Abgeordneten wollte die Koalition fortsetzen, alle Übrigen schwankten mit ihrer Entscheidung.

Der Rest ist bekannt: Das konstruktive Misstrauensvotum am 1. Oktober 1982 hatte Erfolg, Helmut Kohl wurde zum Kanzler gewählt. Die mündliche Begründung (siehe Text im Anhang) für mein ablehnendes Votum gemäß Artikel 38 Absatz 1 des Grundgesetzes, nach dem ich als Abgeordnete nicht an »Aufträge und Weisungen« gebunden, sondern nur meinem Gewissen unterworfen bin, erregte Aufsehen und hatte einen innerparteilichen Bruch samt »Strafvollzug« zur Folge. Ich verlor alle politischen Ämter und wurde von da an in der Fraktion systematisch ausgegrenzt. Das hieß: Ich wurde von Informationen und Entscheidungen ausgeschlossen. Aber ich blieb Mitglied der Partei, anders als viele Gleichgesinnte, die ausgetreten waren. Mein Votum brachte mir aber auch, abgesehen von dem guten Gefühl, dem Gebot des Grundgesetzes gefolgt und mit mir im Reinen zu sein, viel Anerkennung in der Öffentlichkeit. Die Frage des Fraktionszwangs für Abgeordnete trotz des Verfassungsgebotes blieb auf der Tagesordnung und ist nach wie vor ein Ärgernis für das Ansehen des Parlaments. Eine kleine Streitschrift mit dem Titel *Der Politiker und sein Gewissen*, in der ich mir meine Erfahrungen von der Seele schrieb, erlebte drei Auflagen.

Der 1. Oktober 1982 war das Ende der sozialliberalen Koalition, die so hoffnungsvoll begonnen, so viel erreicht hatte und doch so kläglich endete. Im Grunde hat sich die FDP nie davon erholt.

Die Parlamentsreform und die Debatten über das Selbstverständnis der Volksvertreter

Da ich von der Fraktion zunächst keine Aufgabe erhielt, suchte ich mir ein neues Arbeitsfeld: die *Parlamentsreform*. Demokratiepolitisch wurde es das für mich bedeutsamste, aber auch erfolgloseste Engagement. Es war ein sechsjähriger Versuch, mit Mitstreitern aus allen Fraktionen – bis auf die CSU – eine umfassende, leider weitgehend vergebliche Parlamentsreform auf den Weg zu bringen und darüber hinaus Initiativen zur Stärkung der Bürgergesellschaft als zweite Dimension der Demokratie zu fördern.

Heute weiß ich mehr denn je, wie wichtig es für das Ansehen der parlamentarischen Demokratie wäre, mit dem Gebot des Artikel 38 auch in der parlamentarischen Praxis Glaubwürdigkeit zu beweisen. Thomas Dehler hatte im Parlamentarischen Rat einst gesagt, dass »Gewissensfreiheit die Grundlage der Demokratie ist und daher unverzichtbar« sei. Nur mit der Achtung vor der Gewissensfreiheit, davon bin ich überzeugt, kann für die parlamentarische Demokratie, die bei immer mehr Bürgern an Glaubwürdigkeit verloren hat, Vertrauen zurückgewonnen werden.

Für mich persönlich hatte das vertiefte Nachdenken über die Verfassungsgebote und die entgegenwirkenden Zwänge der eigenen Geschäftsordnung eine nachhaltige Konsequenz: Ich wollte infolge meiner Erfahrung in der parlamentarischen Praxis eine Reform auf den Weg bringen mit dem Ziel, Rechte und Pflichten des Abgeordneten glaubwürdiger zu gestalten. Deshalb entwarf ich zunächst einen Fragebogen für Kollegen in allen Fraktionen über ihr Selbstverständnis als Abgeordnete und über die Beurteilung ihrer Positionen und ihrer Einflussmöglichkeiten.

Etwa 30 Prozent derjenigen, denen ich den Fragebogen geschickt hatte, antworteten interessiert, und so kam es zu einer Zusammenarbeit unter dem Titel *Interfraktionelle Initiative Parlamentsreform*, deren Sprecherin ich 1984 wurde und bis 1990 blieb. Wir, die Initiatoren, forderten, was es zuvor noch nie gegeben hatte und was seither bis heute nie wieder stattfand: eine Selbstverständnisdebatte über die Arbeit als Abgeordnete des Bundestags. Es war ein Vorschlag, den der damalige Präsident des Bundestags, Rainer Barzel, unterstützte. Auch er fühlte sich von der Regierung gegängelt. Eine große Debatte zu diesem Thema fand am 20. September 1984 statt und dauerte ungefähr fünf Stunden. Sie war frei, das heißt durch die Fraktionsführungen nicht reglementiert. Am Ende wurde eine Kommission unter dem Vorsitz des Bundestagspräsidenten zur Beratung unserer Anträge beschlossen. Das erschien uns als ein großer Erfolg, und es wäre auch einer gewesen, wenn Barzel nicht wenige Wochen später wegen finanzieller Verwicklungen in der Flick-Parteispendenaffäre hätte zurücktreten müssen, die sich zu einem der größten Skandale der Bundesrepublik ausgewachsen hatte. Liest man die Protokolle der damaligen Selbstverständnisdebatte heute nach, dann sind es Dokumente der Nachdenklichkeit und der Bereitschaft, sich in eigener Sache selbstkritisch zu Wort zu melden und für Änderungen zu plädieren.

Barzels Nachfolger, Philipp Jenninger, konnte zunächst nicht sehr viel mit dem Thema Parlamentsreform anfangen, wandelte sich aber im Laufe der Zeit zu einem mehr oder weniger vorsichtigen Sympathisanten unserer Ziele. Leider musste auch er später zurücktreten, weil er sich 1988 in seiner Funktion als Bundestagspräsident in einer Gedenkrede zum 50. Jahrestag der Novemberpogrome 1938 sehr missverständlich ausgedrückt hatte. Ich habe das damals sehr bedauert.

Auf Jenninger folgte Rita Süssmuth. Sie war uns zwar gewogen, und ich schätzte sie sehr, sie konnte sich aber in der eigenen Fraktion nicht durchsetzen. Ihr fehlte eine »Hausmacht«. Deshalb wurde die Kommission nicht länger mit der Weiterarbeit an unseren Anträgen betraut. Sie wurden dem Geschäftsordnungsausschuss überantwortet, in dem sie so gut wie keine Unterstützung mehr fanden.

Vor meinem Ausscheiden aus dem Bundestag 1990 hielt ich noch eine Abschlussrede, in der ich meine Desillusionierung zum Ausdruck brachte, denn fast alle Bemühungen unserer Initiative zur Parlamentsreform waren praktisch vom Tisch. Auch deshalb, weil wichtige Mitstreiter wie Kurt Biedenkopf, Peter Glotz, Alois Graf von Waldburg-Zeil oder Liesel Hartenstein nun ebenfalls nicht mehr im Bundestag waren. Von außen konnten wir nichts mehr bewegen. Einmal gab Rita Süssmuth uns noch ein nettes Abendessen, damit hatte es sich dann. Was blieb, ist eine Taschenbuch-Dokumentation sämtlicher Aktivitäten mit dem Titel: *Der freie Volksvertreter – eine Legende?*

Für mich war die gescheiterte Parlamentsreform jedoch mehr als nur ein Misserfolg, nämlich eine große Enttäuschung, die ich bis heute nicht weggesteckt habe. »Wegstecken« kann auf

Dauer zu Selbstentfremdung und Abstumpfung führen, dennoch hat ein Politiker, der erfolgreich sein will, genau dies als erste Lektion zu verinnerlichen. Ich habe es in all den Jahren nicht ausreichend gelernt, trotz des oft zitierten Gebets, das angeblich von dem württembergischen Theologen Friedrich Christoph Oetinger stammt, der im 18. Jahrhundert lebte: »Herr, gib mir die Gelassenheit, Dinge hinzunehmen, die ich nicht ändern kann, den Mut, die Dinge zu ändern, die ich ändern kann, und die Weisheit, das eine vom anderen zu unterscheiden.«

Meine Enttäuschung kam aus meinem grundsätzlichen Demokratieverständnis: Ein Parlament, das über Gott und die Welt debattiert, nur nicht über sich selbst, ein Parlament, das anderen Reformen vorgibt, aber für die eigene Arbeit keine auf den Weg bringt, ist ein schlechtes Vorbild für Bürgerinnen und Bürger, denen es genau dies abverlangt. Und Vorbildcharakter sollte eine Volksvertretung schon haben, sonst verliert sie an Respekt und Ansehen. Heute versucht der amtierende Präsident Norbert Lammert das eine oder andere im Parlamentsbetrieb zu verbessern, aber es prallt zumeist an der Bequemlichkeit des Apparats und der rigiden Fraktionsführungen ab.

Die wichtigsten Baustellen im Ablauf der parlamentarischen Arbeit betreffen heute aus meiner Sicht das Kontroll- und freie Rederecht, beide müssten zugunsten der Abgeordneten gestärkt werden. Auch das Petitionsrecht für Bürger müsste ausgebaut werden, um die Möglichkeit zu schaffen, zentrale Anliegen der Bürger im Plenum des Bundestags zur Entscheidung zu bringen. Allerdings stelle ich mit wachsender Besorgnis fest, dass es trotz aller alarmierenden Erkenntnisse über den Glaubwürdigkeitsverlust der Volksvertretungen keine Anzeichen für einen neuen Anlauf in Sachen Parlamentsreform gibt. Die zunehmende Verdrossenheit einer Mehrheit der Bürger ist leider zum ständigen Begleiter unserer Demokratie geworden. Es müsste den Verantwortlichen im Staat und in den Parteien eigentlich zu denken gegeben haben, wie überwältigend die Zustimmung war, die Joachim Gauck, der Kandidat der Opposition 2010 bei den letzten Bundespräsidentenwahlen, innerhalb kürzester Zeit gefunden hat – und zwar deshalb, weil er etwas verkörperte, was von den Bürgern im heutigen parteipolitisch dominierten Leben so schmerzlich vermisst wird: Glaubwürdigkeit. Sein demokratisches Engagement verbanden viele von uns mit der Hoffnung, dass es vielleicht doch noch zu einer Re-Vision unserer Verfassungswirklichkeit kommen könnte. Der dritte Wahlgang der Bundesversammlung entschied jedoch, dass es nicht so sein sollte. Im Jahr 2011 ist unsere Staatsform Demokratie in keiner guten Verfassung. Das Ansehen der Politiker nimmt weiter ab, desgleichen die Hoffnung auf Reformfähigkeit in eigener Sache. Wie sagte doch einst Theodor Heuss: Politik ist keine Glücksversicherung, sondern das Ergebnis politischer Bildung und demokratischer Gesinnung. Um unserer demokratischen Zukunft willen wünsche ich mir mehr von beidem.

Prüfstein Mauerfall und Vereinigung

1989 brachte den Mauerfall und die Wiedervereinigung Deutschlands. Dies noch als Bundestagsabgeordnete erleben zu dürfen, wurde zum Höhepunkt und Finale meines aktiven politischen Lebens. Es war ja reiner Zufall gewesen, wo man 1945 seinen Wohnsitz hatte, ob man Ossi oder Wessi wurde und welches Schicksal dann damit verbunden war. Ich habe das nie vergessen und fühlte mich persönlich gegenüber DDR-Deutschen immer in einer Art Bringschuld. Wie hätte ich, wie hätten wir Wessis dieses SED-Regime ertragen? Wie uns politisch und gesellschaftlich orientiert beziehungsweise arrangiert? Hätten wir uns friedlich selbst befreit?

Über vierzig Jahre wussten West- und Ostdeutsche wenig voneinander. Auf beiden Seiten wucherten Klischees, wurde Schwarz-Weiß-Malerei betrieben. Man züchtete Antipathien heran, und über die Jahrzehnte kam es zu einer wachsenden Entfremdung. In der Bundesrepublik gab es den rasanten Wiederaufbau und im Gefolge des Kalten Ost-West-Krieges politische Restauration. Die westlichen Alliierten brauchten uns und drückten gegenüber dem Trend der unaufgearbeiteten Vergangenheit und des Verdrängens mehr als ein Auge zu. In der DDR wurde – *nolens volens* – Anpassung gelebt, im Laufe der Jahre kam es auch zu Gewöhnung, was ich bei meinen wiederholten Besuchen in der DDR selbst bei ansonsten oppositionellen Christen immer wieder erlebt habe.

Durch meine Kirchentagsarbeit in den achtziger Jahren konnten wir viele behutsame Gespräche mit offiziellen Vertretern des Evangelischen Kirchenbunds der DDR führen. Wir nahmen auch an regionalen Kirchentagen teil, halfen, wo auch immer es möglich war. Der vorletzte Kirchentag fand 1988 in Rostock statt, unter der mutigen Leitung des Stadtpfarrers Joachim Gauck, der allen Besuchern aus Ost und West – Exkanzler Helmut Schmidt war am letzten Tag angereist gekommen – Zuversicht und Verbundenheit vermittelte.

In Rostock hatte ich erstmals Kontakte mit Vertretern von Friedens-, Umwelt- und Bürgerrechtsgruppen sowie mit Kriegsdienstverweigerern in der DDR. So lernte ich dort diejenigen kennen, die zu Vorkämpfern der friedlichen Revolution wurden: Jens Reich, Konrad Weiß, Friedrich Schorlemmer, Bärbel Bohley und Ulrike Poppe. Ich war sehr beeindruckt und erinnerte mich an die Zeit des studentischen Widerstands Anfang der vierziger Jahre. Nur etwa vierzehn Monate nach dem Kirchentag erlebte ich den Fall der Mauer sehr persönlich und intensiv.

Folgen der überstürzten Vereinigung

Aufgrund dieser meiner früheren Begegnungen beurteilte ich die Schwierigkeiten der inneren Wiedervereinigung realistischer als die damaligen euphorisierten Verkünder »blühender Landschaften« und eines mehr oder weniger problemlosen Beitritts. Ich plädierte dafür, den West-Ost-Dialog geduldig und auf Augenhöhe zu führen, denn eine rasche Übernahme konnte nur eine von arm zu reich sein – eine Art freundlicher Unterwerfung. Diese geschah aber, und so gab es nach der deutschen Vereinigung alsbald so manche Enttäuschung auf beiden Seiten. Das hatte ich ohnehin befürchtet und schrieb deshalb ein kleines Traktat, das den Titel *Wider die Selbstgerechtigkeit. Nachdenken über Sein und Schein der Westdeutschen* trug. Darin plädierte ich für den Vollzug des letzten Artikels des Grundgesetzes (146), der da lautet:

Dieses Grundgesetz, das nach Vollendung der Einheit und Freiheit Deutschlands für das gesamte deutsche Volk gilt, verliert seine Gültigkeit an dem Tage, an dem eine Verfassung in Kraft tritt, die von dem deutschen Volke in freier Entscheidung beschlossen worden ist.

Leider ist es zu diesem Plebiszit nicht gekommen, und das hat sich als ein Versäumnis erwiesen. Gewiss, ohne Volksabstimmung war der Weg am reibungslosesten, und die temporäre Begeisterung hatte alle weiterführenden Überlegungen überlagert. Dennoch wäre eine Abstimmung über die Zustimmung zum Grundgesetz per Volksentscheid die demokratische »Krönung« der Vereinigung gewesen und hätte vielen späteren emotionalen Abkühlungen zwischen den Ost- und Westdeutschen vorgebeugt. Eine Volksabstimmung hätte den Willen des ganzen Volkes bekundet, und die Vereinigung wäre nicht allein Sache der Politiker gewesen. Damit hätten die Bürger das glückliche Ende der vierzigjährigen Teilung mit ihrer Stimme besiegeln können. Auch hätte man versuchen können, ins Grundgesetz die eine oder andere Formulierung einzufügen, die den Ostdeutschen besonders am Herzen lag, zum Beispiel das »grundsätzliche« Recht auf Arbeit oder auf Wohnraum.

Zu einem solchen geduldigen Verständigungsprozess blieb keine Zeit. Man umging den Artikel 146, indem man die Vereinigung als Beitritt nach Artikel 23 des Grundgesetzes erklärte. Das hatte zur Folge, dass das Grundgesetz den Bürgern in den Ost-Bundesländern mehr oder weniger fremd geblieben ist, und das bis heute: Aus »Brüdern und Schwestern« wurden (Jammer-)Ossis und (Besser-)Wessis.

Auch habe ich besonders bedauert, wie rasch die Bürgerrechtler trotz ihres vorbildlichen Dissidententums im Zuge der Vereinigung durch ostdeutsche Wendehälse und westdeutsche Gleichschalter ins Abseits gerieten. Eigenständige Persönlichkeiten wie Reich, Weiß, Schorlemmer, Bohley, Poppe oder der Leipziger Pfarrer Führer haben in der Aufarbeitungszeit nach der Vereinigung sehr gefehlt. Im ersten und letzten DDR-Wahlkampf im März 1990 habe ich sie mit zwei Wahlveranstaltungen unterstützt – leider erfolglos. Das wiederum erinnerte mich ein wenig an die Zeit nach 1945, als nicht die verfolgten Widerstandskämpfer und Emigranten erste Anerkennung und gesellschaftlich wichtige Positionen erhielten, sondern viel zu viele braune Wendehälse alsbald die Oberhand gewannen.

Heute, nach über zwanzig Jahren, ist immer noch die Rede davon, dass die innere Einheit unvollendet sei, und das sollte uns zu denken geben. Es heißt auch, es gäbe in Politik, Wirtschaft und Gesellschaft zu wenig tonangebende Ostdeutsche, im Gesamtstaat dominiere überhaupt alles Westliche. Die Distanz, so wird beklagt, ist eher größer geworden. Das aber empfinde ich nicht als nationales Unglück. Bayern zum Beispiel wollte 1871 auch nicht ins Deutsche Reich und nach 1945 zunächst wieder unabhängig werden. Seine Politiker lehnten das Grundgesetz ab: Dennoch fühlt sich inzwischen auch der CSU-beherrschte Freistaat wohl in der BRD, und seine oft sperrige Eigenständigkeit kann den Gesamtstaat nicht gefährden.

Ich jedenfalls bin stolz, dass es Deutsche gibt, die sich von der Diktatur selbst befreit haben. Und ich freue mich, dass wir ein freies Volk in einem freien Europa geworden sind. Nach allem, was wir verschuldet haben, ist das der Glücksfall in unserer Geschichte.

Demokratie findet nicht nur im
Parlament und hinter verschlossenen
Türen statt, sondern im ständigen
Zusammenwirken mit den Bürgern.

5
Über die Notwendigkeit einer Demokratiepolitik und eines Demokratie-TÜV

Die Gedanken zu diesem Kapitel würden ein eigenes Buch füllen, wollte ich auf alle heutigen Bedrohungen für die Demokratie in Deutschland und international eingehen, zum Beispiel Klimawandel, irreparable Umweltzerstörungen, Armut, unkontrollierbare Waffenpotenziale, Übervölkerung oder vor allem Gefährdungen durch das Internet. Das aber würde zu weit führen. Stattdessen möchte ich die demokratiepolitischen Defizite zusammenfassen, die ich in der Bundesrepublik während meines langen Politikerinnenlebens erfahren, oftmals erlitten und mehr als einmal zornig beanstandet habe. Es sind dies Gefährdungen und Defizite, die bis heute schwelen oder bereits an die Oberfläche getreten sind.

Es handelt sich dabei um ein wenig erfreuliches Kapitel unserer Demokratiegeschichte, das man schönreden oder schlechtreden, aufbauschen oder auch totschweigen kann. Nichts dergleichen möchte ich tun, es stattdessen insoweit offenlegen, als es nach meiner Überzeugung das Wohl und Wehe der Zukunft unserer Staats- und Gesellschaftsform betrifft.

Demokratie-TÜV gegen Bürgerunmut

In der Außenansicht wirkt unsere Demokratie einigermaßen stabil und recht lebendig, es gibt immer mal Aufgeregtheiten, die aber schnell wieder abflauen, wenn die nächste vom Band rollt: So wenn wichtige Leute zur Unzeit zurücktreten, wie der ehemalige Bundespräsident Horst Köhler, der Hamburger Exbürgermeister Ole von Beust oder der einstige hessische Ministerpräsident Roland Koch. Oder wenn explosive Bücher erscheinen, wie das von dem früheren Berliner Senator Thilo Sarrazin, das wiederholt in jeder Talkshow durchgeschnattert wurde. Oder wenn Bürgerunmut zu gewaltbereiten Turbulenzen anschwillt wie im Herbst 2010 im sonst so braven Stuttgart, wobei es um mehr als nur um den Abriss des Bahnhofs ging.

Lauthals artikulierter Unwille gehört zu den Bürgerrechten in einer Demokratie, der, wenn er einigermaßen fair verläuft, keinen Dauerschaden anrichtet, sondern sogar zu Lernprozessen und einvernehmlichen Lösungen führen kann. Offenbar aber liegen hierzulande die Ursachen für die allgemein wachsende Unmuts- und Protestbereitschaft tiefer. Sie ist nicht mehr nur Ausdruck punktueller Verdrossenheit, sondern Anzeichen einer latenten, nicht länger zu ignorierenden generellen Unzufriedenheit des Volkes mit ihrer demokratischen Obrigkeit und deren Repräsentanten. Noch ist es keine Demokratiekrise, wohl aber gibt es Anzeichen dafür. Denn eigentlich könnten wir ja hochzufrieden sein, dass wir uns nach einer derart schweren Wirtschafts- und Finanzkrise so rasch wieder erholt haben.

Die Entfremdung stammt also aus anderen Quellen, und ich denke, dass sie von einem tief sitzenden Glaubwürdigkeitsdefizit herrührt, das nicht durch das Verteilen von Wohltaten, sondern nur durch ernsthafte Veränderungen im Gefüge unserer Demokratie aus der Welt zu schaffen ist. Es gibt Erscheinungen, die nicht zu übersehen sind und die ich als alarmierend beurteile. Zum Beispiel wenn die Wahlbeteiligung von Mal zu Mal eklatant abnimmt und die Nichtwähler zur stärksten Partei werden. Wenn nach jüngsten Umfragen nur noch 20 Prozent der Bürger mit dem Funktionieren der Demokratie zufrieden sind und nur noch eine Minderheit Vertrauen zu Parteien, zum Parlament und ihren Volksvertretern hat, wenn das Ansehen der Politiker kontinuierlich abnimmt. Das alles sind beunruhigende Befunde über die innere Verfassung unserer Demokratie, aber es sind nicht die einzigen.

Doch über all diese Dinge machen sich die Verantwortlichen

kaum Gedanken. Vor allem scheuen sie die Zusammenschau aller Sachverhalte und Befindlichkeiten; und zwar gleichermaßen in West- wie auch in Ostdeutschland, wo die einschlägigen Befunde noch unerfreulicher sind. Dort ist unsere Demokratie bislang nicht »in der Freude des Volkes« angekommen, wie der andauernde Zuspruch für die Partei *Die Linke* zeigt.

Zu den kritisch zu betrachtenden Defiziten gehört auch der Mitgliederschwund in den Parteien. Gerade einmal knapp über drei Prozent der Wähler sind Mitglieder in einer parteipolitischen Organisation, und nur ein Bruchteil davon ist wirklich aktiv. Die Parteien besorgt das wenig, sie werden ja überwiegend aus Steuermitteln bezahlt. Zudem ist in der inhaltlichen Akzeptanz der beiden großen Volksparteien CDU und SPD ein bemerkenswerter Schrumpfungsprozess festzustellen: 1976 deckten sie mit ihren Wahlergebnissen noch 91 Prozent der gesamten Wählermeinungen ab, 2009 waren es nur noch etwas über 56 Prozent. Im gleichen Zeitraum sank auch ihre Integrationskraft, also das Aufnehmen der die Bürger mehrheitlich beschäftigenden politischen Probleme, von 90,7 Prozent auf 70,8 Prozent. Tendenz weiter fallend.

Man muss also fragen, ob man die Bundesrepublik noch als eine repräsentative *Parteiendemokratie* bezeichnen kann oder ob sie sich bereits zu einer nicht mehr ausreichend repräsentativen *Parteienoligarchie* verändert, in der sich das Volk von seiner Obrigkeit nicht mehr vertreten fühlt. Für mich jedenfalls besteht kein Zweifel, dass unsere Parteiendemokratie auf einer zunehmend brüchigen Basis steht und dringend einer Revision bedarf.

Bereits seit den achtziger Jahren habe ich dies wiederholt versucht, bin aber stets ziemlich sang- und klanglos gescheitert. Und nicht nur mir ist es so ergangen. Auch von der flammenden »Ruck«-Rede des einstigen Bundespräsidenten Roman Herzog wurde wenig aufgegriffen, ebenso wenig von den Goodwill-Appellen seiner Nachfolger. Jegliche Bemühungen, auf Defizite und Fehlentwicklungen aufmerksam zu machen, verpuffen seit Jahren: Nicht nur das Ansehen und die Überzeugungskraft von

Parteien, Politikern und Parlamenten haben kontinuierlich weiter abgenommen, nun verliert auch die Demokratie als System an Glaubwürdigkeit. Auch hier ist von »Freude« im Bewusstsein unserer Bürger über beziehungsweise Grundvertrauen in unsere Verfassung kaum zu sprechen, und zwar gleichermaßen bei Ost- und Westdeutschen.

Deshalb plädiere ich für einen Anlauf zur Rückgewinnung von Ansehen, Vertrauen und Glaubwürdigkeit in demokratische Institutionen und ihre Repräsentanten! Man könnte es eine Art *Demokratie-TÜV* nennen, der regelmäßig stattfindet. Für die Lage der Wirtschaft wird so etwas von »Wirtschaftsweisen« zweimal im Jahr gemacht, weshalb nicht einmal jährlich auch für die Demokratie als Ganzes? Die Zuständigkeit dafür läge meines Erachtens beim Bundespräsidenten. Unter ihm könnte eine solche turnusmäßig wiederkehrende Bestandsaufnahme stattfinden. Alternativ könnte aber auch eine unabhängige Kommission nach Art der sehr erfolgreichen britischen *Royal Commissions* mit regelmäßiger Berichtspflicht berufen werden. Man könnte auch eine oder mehrere kundige Stiftungen damit betrauen. In jedem Fall wäre wichtig, bei der Zusammensetzung eines einschlägigen Gremiums keinen Parteienproporz zu praktizieren, sondern auf politischen Sachverstand und Demokratiebewährtheit zu achten. Dabei könnte das Bundesverfassungsgericht Vorbild sein. Wie auch immer: Ohne Veränderungswillen, ohne Entschlossenheit auf allen Seiten werden wir aus der derzeitigen misslichen Situation nicht herauskommen.

Vorschläge für eine aktive Demokratiepolitik

Wenn ich meine Arbeiten aus früheren Jahren durchsehe, finde ich in ihnen eine Fülle an Gedanken und Konzepten, wie ich mir Verbesserungen und Änderungen vorstellen könnte. Daraus ist für mich wiederum ein eigenes Kapitel erlebter Demokratiegeschichte geworden, das ich mittlerweile mit *Vorschlägen für eine*

Demokratiepolitik überschreibe. Denn für alles und jedes, wichtige und unwichtige Belange haben wir heute einen als »Politik« bezeichneten Sammelbegriff. Nur für den überaus wichtigen Bereich der Ordnung unserer demokratischen Staats- und Lebensform haben wir keinen Namen. Deshalb wählte ich für die Zusammenschau den Sammelbegriff *»Demokratiepolitik«*, der demokratische Abläufe, Zusammenhänge und Befindlichkeiten umfasst: Gute Demokratiepolitik ist, was die Funktionsfähigkeit, Glaubwürdigkeit und Stabilität demokratischer Prozesse stärkt, und schlechte, wenn sie diesen schadet oder sie schwächt. Demokratiepolitik für überflüssig zu halten, das hieße, den Kopf in den Sand zu stecken und weiter zu wursteln wie bisher. Genau diese Haltung hat zu einer schleichenden Destabilisierung des demokratischen Kreislaufs geführt. Deshalb plädiere ich nicht nur für ein demokratiepolitisches Gesamtkonzept, sondern auch für Einzelreformen, um damit Signale für unsere demokratiepolitische Gestaltungsfähigkeit zu geben.

Auf dieser Agenda steht an erster Stelle die Reform des *Bundestagswahlrechts* mit dem Ziel, die wahlentscheidende Zweitstimme des Wählers zu personalisieren. Das jetzige Verfahren, bei dem der Wähler nur eine geschlossene und von Parteidelegierten zumeist in Hinterzimmern in bestimmter Reihung bereits festgelegte Kandidatenliste zum Ankreuzen vorgelegt bekommt, ist vielen Bürgern seit eh und je ein Dorn im Auge. Stattdessen müsste für diese Zweitstimme unbedingt eine echte Personenwahl eingeführt werden. Damit erhielte der Wähler einen persönlichen Bezug zum Abgeordneten seiner Wahl, den er bei einer unveränderbaren Listenwahl nicht hat. Dieser persönliche Bezug zwischen Wählern und Gewählten ist wichtig. Er stärkt nicht nur die innere Unabhängigkeit des Abgeordneten gegenüber möglichen Parteizwängen und -sanktionen, er gibt zudem auch unbequemen Kandidaten bessere Chancen als bisher. Außerdem ermöglicht er gemäß dem Gebot von Artikel 38 des Grundgesetzes, in persönlichen Gewissensfragen zwangsfreier zu handeln.

Das heutige Verfahren ist auch deshalb ein Ärgernis, weil einige wenige Delegierte über die personelle Zusammensetzung der Hälfte der Bundestagsabgeordneten entscheiden und nicht die Wähler. Wie oft erlebte ich, dass ein junger Volksvertreter wohlgemut gen Hauptstadt gezogen war, um »denen da oben« mal klarzumachen, wie »denen da unten« zumute ist. Alsbald hatte er sich der Fraktionsdisziplin so angepasst, dass er jede Bonner respektive Berliner Kröte schluckte!

Die »offene« Zweitstimme, die ich empfehle, gibt es übrigens dank dem Sozialdemokraten Wilhelm Hoegner im bayerischen Landtagswahlrecht seit über sechzig Jahren, und sie hat sich bestens bewährt. Sie wirbelt die Reihenfolge der gewählten Kandidaten jedes Mal beträchtlich durcheinander und stärkt den Bezug zwischen dem Wähler und »seinem« Abgeordneten. Das in diesem Sinne kürzlich in Hamburg eingeführte Wahlrecht ist allerdings viel zu kompliziert.

Abgesehen vom Wahlrecht steht auf meiner demokratiepolitischen Agenda eine weitere Priorität, und die betrifft die so schlicht wirkende *Grundgesetzbestimmung des Artikels 20*, nach dem alle Staatsgewalt vom Volke ausgeht und »in Wahlen *und* Abstimmungen« ausgeübt wird (siehe Kapitel 4). Welch ein Kuriosum ist das: Wahlen, ja, die haben wir, aber Abstimmungen, nein, die gibt es nicht, bis auf den Ausnahmefall, wenn es um einen *Zusammenschluss oder um Grenzänderungen von Bundesländern* geht. Wie ist das möglich? Wurde das Grundgesetz einfach immer nur so restriktiv interpretiert, womöglich aus Angst vor der eigenen Courage, vor unliebsamen Plebisziten im Nach-Hitler-Deutschland? Damals war das wohl nicht ganz falsch gedacht. Heute aber, nach über sechzig Jahren, wo alle Welt völlig zu Recht nach mehr Partizipation der Bürger ruft, sollte man Mitwirkungsrechte auch auf Bundesebene ermöglichen, um dem Einzelnen damit mehr Beteiligung und der Demokratie wieder mehr Akzeptanz zu ermöglichen. Und je dringlicher beides wird, umso umgehender sollte man das bereits überhitzte Eisen anpacken

und gesetzlich geregelte Verfahren für *Volksbegehren und Volksent-*
scheide auf Bundesebene einführen. Es ließe sich ganz einfach bewerkstelligen, indem man dem bereits im Grundgesetz stehenden
Wörtchen »Abstimmungen« konkret weiterführende Gültigkeit
zuerkennt. So könnte statt monatelanger wilder, illegaler, manchmal außer Kontrolle geratener Proteste und Verhärtungen, wie
wir sie bei »Stuttgart 21« erlebten, ein geregeltes Verfahren für
Bürgerbeteiligung entwickelt werden, so wie es in fast allen westlichen Demokratien möglich und bei uns auf Länder- und Kom-
munalebene vielfach erprobt ist.

Auf meiner aktuellen demokratiepolitischen Überprüfungs-
liste stehen noch zwei weitere Themen, die regelmäßig Bürger-
zorn auslösen und deshalb alsbald aus der Welt geschafft werden
müssten: Das eine ist die *finanzielle Selbstbedienung* von Parteien,
Politikern und Parteistiftungen. Längst bedarf dieses Vorgehen
eines streng geregelten und für alle transparenten Verfahrens,
ohne jegliche Schlupflöcher. Und das andere Ärgernis ist der nun
neuerlich wieder festzementierte *Kulturföderalismus*, der angesichts der Wirren von sechzehn Schul- und Bildungssystemen
jede Rechtfertigung verloren hat. Es ist geradezu ein Dauerskan-
dal, dass die guten Ansätze zu einer Bund-Länder-Kooperation
in der Bildungspolitik, die Ende der sechziger Jahre eigens etabliert worden war, im Rahmen einer unsäglich verkorksten *Föderalismusreform* wieder rückgängig gemacht wurden. Nun gibt
man erneut der totalen Zersplitterung Raum. Das ist nicht nur
ein Alptraum für Eltern, die mit ihren Kindern das Bundesland
wechseln, sondern auch ein Hindernis für die Weiterentwicklung
eines überschaubaren, chancengerechten, in Europa und international tauglichen Bildungssystems (siehe Kapitel 6). Dieses wie-
derbelebte Relikt verkrusteter Kleinstaaterei weist auf mangelnde
Voraussicht für überfällige Veränderungen hin, um die es auch auf
anderen Reformbaustellen nicht besonders gut bestellt ist, zum
Beispiel bei der Anerkennung ausländischer Bildungsabschlüsse.
Ein erfahrener Reformer hat es zutreffend einmal so definiert:
»Reformiert soll werden, aber ändern darf sich nichts!«

Integration – Prüfstein der Demokratiepolitik

Wir haben uns im Laufe der Jahre zahlreicher politischer und gesellschaftlicher Unterlassungen und Verspätungen schuldig gemacht, von denen bereits wiederholt die Rede war. Nun möchte ich noch ein besonders folgenschweres Versäumnis beschreiben: die jahrzehntelang missglückte gesellschaftspolitische Akzeptanz unserer ausländischen Mitbürger, die wir seit den fünfziger Jahren als Arbeitskräfte in unser Land holten, ohne rechtzeitig zu erkennen, dass sie keine vorübergehenden »Fremdarbeiter« mehr waren, sondern dass sie Familien und Kinder hatten, die bei uns aufwuchsen und bei uns heimisch werden sollten, es aber oft nicht wollten oder keine ausreichende Hilfe dafür erhielten.

Nun, da sich die Bundesrepublik endlich als Einwanderungsland versteht, sind aus anonymen Arbeitskräften »Migranten« oder »Menschen mit Migrationshintergrund« geworden. Heute betrifft dies insgesamt etwa sieben Millionen Menschen, und die Parole lautet: »Wir wollen, dass sie sich integrieren.« Dieser Prozess hat jedoch viel zu spät eingesetzt. Wir haben verpasst, die Migrantenkinder schon im Kindergarten mit der deutschen Sprache vertraut zu machen, wir haben ihre immensen Probleme, in unserem Bildungssystem zu reüssieren, nicht rechtzeitig erkannt und damit ihre schlechten Chancen auf dem Arbeitsmarkt ignoriert. Wir haben die oft zwangsverheirateten muslimischen Frauen zwar bedauert, aber – meist wegen Sprachschwierigkeiten – keine Solidarität aufbauen können wie etwa zu Frauen aus anderen Kulturkreisen. Wir wissen kaum etwas über ihre Religion und nur Erschreckendes über das islamische Rechtssystem.

So haben wir mindestens zwei Generationen lang nebeneinanderher gelebt. Erst vor etwa dreißig Jahren begannen wir, diese Hindernisse wahrzunehmen, was zur Ernennung eines *Ausländerbeauftragten* durch die sozialliberale Bundesregierung führte. Als es in einer Kabinettssitzung darum ging, war ich in Vertretung von Außenminister Genscher anwesend. Ich spürte

Ungewissheit über Funktion und Aufgaben eines solchen Amtes, dennoch entschied man sich dafür. Erster Ausländerbeauftragter wurde dann 1978 der ehemalige Ministerpräsident von Nordrhein-Westfalen, Heinz Kühn, ihm folgte 1981 die langjährige FDP-Abgeordnete Liselotte Funcke. Beide erfüllten die völlig neue Aufgabe mit Hingabe und großem Engagement und haben die Voraussetzung für ein besseres Verständnis für die vielfältigen Schwierigkeiten der Migranten und ihrer wachsenden Familien geschaffen.

Meine erste Begegnung mit Migrantenkindern hatte ich als Staatssekretärin im Hessischen Kultusministerium Ende der sechziger Jahre. Ich besuchte eine Schulklasse, in der viele ausländische Jungen und Mädchen waren, die so gut wie kein Deutsch sprachen. Anschließend machte ich mir Gedanken, wie wir ihnen die notwendigen Sprachfähigkeiten beibringen könnten. Ohne Türkisch sprechende Deutschlehrer war das nicht zu leisten, und die hatten wir ja nicht. Also mussten wir improvisieren, was längerfristig gesehen sicher nicht immer zu den bestmöglichen Lösungen führte.

So waren auf beiden Seiten völlig neuartige Problemfelder entstanden, denn auch die Eltern der Kinder konnten kaum Deutsch und wollten ihren Nachwuchs so erziehen, wie es in ihrer Heimat üblich war. Diese Haltung allmählich zu ändern, wurde zu einer der wichtigsten und schwierigsten bildungs- und gesellschaftspolitischen Aufgaben, wenngleich das anfangs nur wenige erkannt haben. In den frühen siebziger Jahren lernte ich in München die erste Bürgerinitiative zur *Hausaufgabenhilfe für nicht-deutschsprachige Kinder* kennen. Sie fand in Küchen oder Wohnzimmern statt und wurde von Hausfrauen und pensionierten Lehrern geleistet, die die Kinder nicht nur bei den Schularbeiten betreuten. Sie haben ihr Engagement jahrelang erfolgreich durchgehalten. Weiterhin besuchte ich den ersten deutsch-türkischen Kindertreff in Stuttgart, und 1983 zeichneten wir in der *Theodor-Heuss-Stiftung* Izzetin Karanlink aus, einen Türken, der in Berlin zusammen mit einem deutschen Berufsschullehrer eine deutsch-türkische Ausbildungswerkstatt initiiert hatte. Derartige Projekte zur Schülerhilfe oder zur Berufsförderung türkischer Jugendlicher wurden damals noch eher als karitative Gutmenschen-Aktion angesehen und weniger als wichtige erste Schritte zur damals schon notwendigen Integration.

Heute ist übrigens aus der einst höchstens zehnköpfigen Initiativgruppe zur Betreuung ausländischer Kinder in München ein großes und vielfältiges Bürgerprojekt für *Interkulturelle Begegnung und Bildung e.V.* geworden, das neben vielen anderen Aktivitäten Ausbildungsbegleitung, Sprachkurse, ein Anti-Rassismus-Telefon oder eine Street-Football-League anbietet. Wir sind sehr stolz auf unsere Preisträger von vor dreißig Jahren. Aber wir bräuchten mehr davon!

Dazu ist die Einrichtung der hochrangigen *Integrationskommission* unter Vorsitz des jeweiligen Bundesinnenministers ein wichtiger Beitrag. Wenn es auch manche konservative Politiker immer noch nicht wahrhaben wollen: Deutschland ist zum Einwanderungsland geworden, und wir müssen bereit sein, damit zurechtzukommen. Mehr noch: etwas Gutes daraus zu entwickeln.

Für mich war Mitte der neunziger Jahre die Begegnung mit dem ersten türkischstämmigen Bundestagsabgeordneten der Grünen, Cem Özdemir, einer der wichtigsten persönlichen Motivationsschübe, mich nicht nur für einen fairen Umgang mit Migranten und ihren Familien, sondern für eine umfassende *liberale Integrationspolitik* einzusetzen. In lupenreinem Schwäbisch meldete sich Cem Özdemir im Bundestag zu Wort und sprach über die Schwierigkeiten der Migranten in Schule und Beruf. Dazu gehörte nicht nur Zivilcourage, sein Engagement für ein realistisches Multikulti-Zusammenleben war vor allem überzeugend. Für seinen Beitrag zum Abbau von Vorurteilen erhielt er, der sich gern als »türkischer Schwabe« bezeichnet, 1996 eine *Theodor-Heuss-Medaille*. Heute ist er Vorsitzender der *Grünen*, einer Partei, die mit ihrem Einzug in den Deutschen Bundestag mit Blumen und in Turnschuhen eine befreiende und herausfordernde, manchmal schockierende Wirkung auf das Parteien-Establishment des Bundestags hatte.

Illusionen sind nicht erlaubt, aber Resignation ebenso wenig, denn natürlich gibt es auf der einen wie auf der anderen Seite weiterhin tief verwurzelte Traditionen und Mentalitäten, die nicht wegzuintegrieren, sondern auszuhalten, allenfalls zu mildern sind. Es gibt jedoch die Hoffnung, dass ein vielfältiges multikulturelles Zusammenleben möglich wird. Und das ist es, worauf es ankommt!

Mit Beginn der neunziger Jahre gab es erschreckende Wellen von *Ausländerfeindlichkeit*, die auch ein gerüttelt Maß an rassistischer und völkischer Überheblichkeit zutage förderte. Die Brandanschläge von Hoyerswerda 1991 und Mölln 1992 waren ein Fanal. Damals entwickelten sich aber erstmals wunderbare Gegenkräfte. An den *Lichterketten* beteiligten sich Zehntausende von Menschen, die dabei zur Toleranz und Akzeptanz von ausländischen Mitbürgern aufriefen. Ich denke, dass es dieses Bürgerengagement war, das ohne jede amtliche Anordnung sehr viel zum wachsenden Bürgerbewusstsein, für die Mitverantwortung in der Gesellschaft beigetragen hat – und ebenso zur politischen Erkenntnis der langjährigen Versäumnisse und Fehlentwicklungen. Und tatsächlich flaute die militante Welle ab.

Heute ist alles subtiler geworden. Doch immer mal wieder brechen Kontroversen auf, immer mal wieder werden sie von konservativen Parteien für Wahlzwecke instrumentalisiert, zum Beispiel als Hessens damaliger Ministerpräsident Roland Koch anlässlich der Landtagswahlen 1999 eine Unterschriftensammlung unter dem Motto: »Ja zur Integration, Nein zur doppelten Staatsangehörigkeit« initiierte. Aber auch andere Parteien in anderen Bundesländer schürten oder duldeten Ängste und Feindseligkeiten der Bevölkerung oder sahen mehr oder weniger tatenlos zu, wenn diese eskalierten.

Die neueste Kampfparole heißt nun: »Multikulti ist tot.« Ich empfinde sie als geradezu volksverdummend. Eine verantwortungsbewusste Integrationspolitik muss zum Ziel haben, den

Umgang und das Zusammenleben in einer unabänderlich multikulturellen Gesellschaft in demokratischer Weise zu gestalten. »Multikulti« als grenzenlose Beliebigkeit mag tot sein, eigentlich hat es sie nie gegeben. Wie auch immer: Ohne ein Multikulti-Verständnis auf beiden Seiten wird es keine Integration geben.

Anregung für eine »Demokratie-Watch«

Für alles und jedes gibt es in unserem Land Lobbys, Kontroll- und Unterstützungsinitiativen, neuerdings »Watch« genannt, zum Beispiel: *Human-Rights-Watch*, *Children's-Watch*, *Food-Watch*. Nur für die Demokratie gibt es das nicht. Wie wäre es, wenn sich eine bundesweite Bürgerinitiative mit Namen *Demokratie-Watch* gründen würde, mit dem Ziel, gegen Parteien-, Politik- und Politikerverdrossenheit anzugehen. Demokratie ist nie vollendet, immer auf dem Prüfstand und die mühsamste Form der Meinungsbildung und des Zusammenlebens. Aber sie garantiert Freiheit und Rechtsstaatlichkeit. Das ist alle Mühen wert!

Bildung ist Bürgerrecht
auch für Migrantenkinder.

6
Über Bildung als Bürgerrecht: Versäumnisse, Verspätungen, Aufbrüche

Nach 1945 ging es darum, den Übergang von der Diktatur zur Demokratie nicht nur in allen Bereichen des öffentlichen Lebens und Zusammenlebens auf den Weg zu bringen, sondern zuerst und vor allem im Bildungs- und Erziehungswesen. Erst wenn die bildungspolitischen Ziele auf der Basis demokratischer Bedingungen erneuert wären, könnten der Bazillus der NS-Ideologie und die konservativen Verkrustungen überwunden werden. Davon war ich jedenfalls überzeugt, und deshalb machte ich mich gleich nach meiner Wahl 1950 in den Bayerischen Landtag mit Feuereifer an die Bildungspolitik. Ich wollte alles auf einmal: neue Lehrpläne, neue Bücher, neue Lehrer und insbesondere neue schulische Arbeits- und Verhaltensformen. Die Amerikaner hatten zwar auf demokratische Bildungsreformen gedrängt, die aber von deutscher Seite strikt abgelehnt worden waren. Vieles davon tauchte jedoch noch fünfzig Jahre später in der ersten PISA-Studie als gravierende Defizite wieder auf.

Nichts davon war in der Nachkriegszeit vorhanden, und was angeboten wurde, waren allenfalls grob überarbeitete Lehrpläne, Lesebücher aus den zwanziger Jahren und Lehrer, die kaum imstande waren, ihre Mentalität und Lehrweise abzulegen, die sie sich unter der Hitler-Diktatur angeeignet hatten. Besonders die *Schulbuchtexte* waren offenkundig völlig antiquiert, meist sentimental-betulich oder schlicht falsch. Hierfür ein paar Beispiele, die ich in den Schulbüchern meiner Kinder Anfang der sechziger Jahre fand. Man bedenke: mehr als fünfzehn Jahre nach Kriegsende! Kaum eines von etwa zweihundert Stücken in einem Lesebuch handelte von der Gegenwart, stattdessen wimmelt es darin von barfüßigen Hirtenknaben, duldsamen Mägden, abgerackerten Mütterchen, frommen Bauern, von Holzpflügen und Ochsenwagen:

Seit tausend Jahren gedeiht das Korn des Urvaters auf dem ewigen Acker und hat seitdem Tausende unseres Namens gesättigt und gesegnet. Ja, es ist ein ewiger Acker, denn er wird auch fernerhin die Frucht des Urvaters tragen ... heiliges Brot vom ewigen Acker.

Mein Achtjähriger stotterte sich gelangweilt durch den Text. Die Mutter auch. Immer wurde das Landleben als allein seligmachende Lebensform und Lebensinhalt gepriesen:

Der Postbote hatte nicht einmal einen Schirm und im Winter keine Handschuhe. Ich habe nur wenige Menschen gesehen, welche gleich selbstverständlich ihren Arbeitssack auf Gottes Erdboden herumtrugen.

Und das Motto des Buchs lautete:

Willst du sein ein guter Christ, Bauer bleib auf deinem Mist. Lass die andern Freiheit singen, düngen geht vor allen Dingen.

In einem Erdkundelehrwerk konnte ich lesen:

Unter kluger Leitung sind die Schwarzen meist gutmütig, fleißig und treu. Die bäuerlichen Schwarzen ... führen eine sehr primitive Lebensweise ... Die Eingeborenen sind allein nicht fähig, die Naturschätze Afrikas auszuwerten, deshalb sind sie zu Recht zu 90 Prozent Kolonien.

Und in Rechenbüchern:

Deutschland verlor im Ersten Weltkrieg zwei Millionen Soldaten. Wie lang wäre der Zug der Toten, wenn jeweils vier in einer Reihe stehen würden und die Reihen im Abstand von 60 Zentimetern ... Wie lang wird der Zug und wie weit reicht er von deinem Heimatort aus?

Das sind nur wenige Kostproben, sie sind jedoch für die damaligen Lerninhalte charakteristisch. Aber abgesehen vom desolaten Unterrichtsstoff waren auch die äußeren Bedingungen katastrophal: Klassenstärken mit mehr als sechzig Kindern waren keine Ausnahme, die täglichen Schulstunden wurden oftmals in zwei oder drei Schichten abgehalten, meist in beschädigten Gebäuden und ohne Pausenbrote (die Quäker-Speisung gab es erst ab 1946). Viele der Mädchen und Jungen kamen aus zerstörten Familien mit gefallenen, in Gefangenschaft geratenen oder aus dem Krieg zurückgekehrten Vätern, die in verzweifelter Angst darüber lebten, was nun aus ihnen werden würde.

Protokoll über die Bildungsmisere

Noch vor Gründung der Bundesrepublik stellte sich heraus, dass es notwendig war, die unterschiedlichsten Vorstellungen von Schulpolitik in den Bundesländern der westlichen Besatzungszonen zu koordinieren. Zu diesem Zweck wurde 1948 die *Kultusministerkonferenz der Länder* gegründet, zudem wurde vom Bundespräsidenten Heuss ein Ausschuss für das deutsche Erziehungswesen berufen, der mit hoch qualifizierten Mitgliedern besetzt war, die allerdings keine Bildungsexperten waren, weshalb ihre Empfehlungen zwar in der Sache gelobt, aber nicht konkret umgesetzt wurden. Ihre Expertisen verstaubten alsbald in den Archiven. Daraufhin ging es mit elf Konzepten für damals elf Bundesländer weiter, ohne dass man sich auf gemeinsame Reformvorstellungen einigen konnte.

Die Bildungspolitik in den jeweiligen Ländern entwickelte sich unkoordiniert und im Rückwärtsgang, bis im November 1963 in der protestantischen Wochenzeitung *Christ und Welt* eine vierteilige Artikelserie von Georg Picht über *Die deutsche Bildungskatastrophe* erschien, die die Nation – vorübergehend – aufschreckte. Sie handelte von den Defiziten in sämtlichen Bildungsbereichen, vom bevorstehenden Akademikermangel und vom Mangel an weiterführenden Schulen und Schülern, vor allem außerhalb der Städte.

Georg Picht war nicht nur Pädagoge, sondern auch Altphilologe und wurde einerseits als Augenöffner und Hoffnungsträger begrüßt, andererseits von konservativen Politikern alsbald angegriffen und diffamiert. Er wolle ein »akademisches Proletariat« züchten, hieß es, obgleich damals nicht einmal zehn Prozent eines Jahrgangs das Abitur machten, darunter nur etwa ein Drittel Mädchen. Zwar war schon am 5. September 1957 auf Initiative von Bundespräsident Theodor Heuss ein *Wissenschaftsrat* zur Planung von Hochschul- und Universitätsreformen gegründet worden, womit er neuerlich versucht hatte, auf die zerklüftete Bildungspolitik Einfluss zu nehmen. Das würde sich heute kein Bundespräsident mehr trauen. Aber das Bildungssystem blieb im Kern unverändert, selbst als es dank Georg Picht in Bewegung geriet und eine Reihe neuer Universitäten gegründet wurde.

1966 der zweite Anlauf: Der *Deutsche Bildungsrat* wurde gegründet, diesmal unter Beteiligung der Bundesländer, wieder mit hoch qualifizierten Experten besetzt. Seine Empfehlungen sind noch heute ein Ruhmesblatt – nicht umgesetzter – Reformvorschläge, wie Kindergärten, Ganztagsschulen und »lebenslanges Lernen«. Leider wurde der Bildungsrat im Laufe der Zeit insbesondere von konservativen Bundesländern – an der Spitze Bayern – zunehmend sabotiert und 1975 wieder aufgelöst. Im Ergebnis war er das bisher beste und ergiebigste Gremium, das wir bildungspolitisch je hatten. Leider gab es keine Fortsetzung. Man sollte ihn dringend wieder aufleben lassen und mit klaren Kompetenzen ausstatten. Ein ähnliches Schicksal erfuhr die 1970 eingesetzte *Bund-Länder-Kommission für Bildungsplanung und Forschungsförderung*, die nach einigen Jahren guter Arbeit infolge der unsäglichen Föderalismusreform neuerlich eingestellt wurde. Danach gab es für fast zwei Jahrzehnte keine gesamtstaatliche Zusammenarbeit im Bildungsbereich, im Gegenteil: Es wurde dem Bund sogar ein Finanzierungsverbot für Bildungsprojekte auferlegt.

Doch zurück zum Aufbruch der sechziger und siebziger Jahre. 1965 war das Buch *Bildung ist Bürgerrecht* erschienen, ein großartig begründetes bildungspolitisches Plädoyer des Soziologen Ralf Dahrendorf: Bildung müsse, so postulierte er, in einer demokratischen Gesellschaft ein Bürgerrecht sein, das jedem jungen Bürger »chancengerecht« zuteilwerden müsse. Davon konnte damals in der Bundesrepublik, vor allem mit Blick auf Mädchen und »Arbeiterkinder«, keine Rede sein. Das Buch und das Engagement des Autors fanden große Zustimmung und gaben der politischen Diskussion neuen Auftrieb. Doch selbst diese viel beachteten Thesen fanden in der Schulwirklichkeit keinen nachhaltigen Niederschlag, und durch die mangelhafte föderalistische Zusammenarbeit der Länder verlor die Bundesrepublik auch international den Anschluss an neue Entwicklungen.

Spätestens im Jahr 2002, beim erschreckend schlechten Abschneiden im ersten PISA-Test, offenbarte sich das ganze Ausmaß jahrzehntelanger Versäumnisse und Rückstände. Im internationalen Vergleich war Deutschland unteres Mittelmaß.

Seither begann eine Art Aufholjagd, die die Bundeskanzlerin Angela Merkel im Juni 2008 dazu bewog, unter Ausrufung einer *Bildungsrepublik* gemeinsam mit den Ministerpräsidenten der Länder eine Zusammenarbeit auf den Weg zu bringen. PISA wurde zur nationalen Prestigefrage, was eigentlich weder im Sinne der weltweit angelegten Vergleichsstudie war noch ihrer Bedeutung entspricht.

Das Ringen um Schulreformen

Es ist eine seltsame Erfahrung, wenn man sich als Politikerin ein Wirkungsfeld auswählt, das so ganz und gar nicht spektakulär ist, eigentlich nur Eltern interessiert, solange ihre Kinder zur Schule gehen, und Lehrer, solange ihr Beruf angesehen und gut bezahlt ist. Weshalb also Bildungspolitik? Damit sei doch für einen Politiker »kein Blumentopf zu gewinnen«, sprich keine Karriere zu machen, und das noch dazu in Bayern als Abgeordnete einer stets um ihre Existenz ringenden Fünf-Prozent-Partei.

So oder so ähnlich hatten mir wohlmeinende Kollegen seit

den fünfziger Jahren von meinem bevorzugten Engagement abgeraten. Weshalb also? Ganz einfach, weil ich überzeugt war, dass Demokratie und Freiheit in unserem Land nicht gelingen würden, sollten wir die Indoktrination unseres Gemeinwesens durch den Nationalsozialismus nicht aus der Welt schaffen – und das musste beziehungsweise konnte nur durch reformierte Erziehung und Bildung buchstäblich von Kindesbeinen an gelingen.

Meine eigene Laufbahn als Bildungspolitikerin begann 1950 mit meiner Wahl in den Bayerischen Landtag. Ich wurde von meiner Fraktion zur schul- und bildungspolitischen Sprecherin bestimmt und geriet als junge Liberale alsbald in ein Wespennest. Tapfer stritt ich gegen die damals wieder eingeführte *Prügelstrafe in den Schulen*, körperliche Züchtigung genannt – sie blieb aber bis in die siebziger Jahre hinein legal. Zudem lernte ich die strikte konfessionelle Trennung von Schülern und Lehrern kennen, die sich in der Lehrerbildung und Schulbürokratie fortsetzte. Sie wurde bis hin zu separaten Fahrradkellern und Salzfächern in Schulküchen praktiziert. Es handelte sich dabei um ein veritables »*konfessionelles Apartheidsystem*«. Weiterhin kämpfte ich gegen die Nichtaufnahme von Mädchen in staatliche Gymnasien, die ausschließlich auf städtische oder konfessionelle Schulen verwiesen wurden und zumeist mit der mittleren Reife ihre Schullaufbahn beendeten. Auch wehrte ich mich gegen die Entlassung von Lehrerinnen, sobald ihre Männer aus der Gefangenschaft in den Staatsdienst zurückkehrten.

Kurz und gar nicht gut: Das bayerische Schulsystem entwickelte sich nicht weiter, sondern zurück. Die Zahl der ein- und zweiklassigen *Zwergschulen*, in denen immer alle Jahrgänge von der ersten bis zur achten Klasse von einem Lehrer in einem Klassenzimmer unterrichtet wurden, nahm rasant zu bis zu 8000; Schulbusse wurden als »unsittlich« verboten. So ergab sich ein riesiges Gefälle zwischen den Bildungschancen für Stadt- und Landkinder, letztere besuchten meist nur sieben, später acht Jahre die Volksschule. Als ich das im Landtag mit selbst gebastelten Schaubildern und Statistiken veranschaulichen und damit die großen Ungleichheiten demonstrieren wollte, wurde ich des Sitzungssaals verwiesen. Stattdessen tourte ich dann mit meinen Schaubildern über Land, diskutierte auf Elternabenden und überzeugte so Wählerinnen und Wähler von der bayerischen Schulmisere.

Schon Anfang der sechziger Jahre, ich war in der dritten Legislaturperiode »MdL« (Mitglied des Landtages), ohne dass auch nur ein einziger meiner zahllosen Anträge und Interventionen angenommen worden war, fasste ich (wie schon in Kapitel 4 erwähnt) den Entschluss, mit Hilfe des Artikels 74 der Bayerischen Verfassung, den der SPD-Verfassungsrechtler Wilhelm Hoegner aus der Schweizer Emigration mitgebracht hatte, Unterschriften zu sammeln. Sie sollten für ein *Volksbegehren* sein, zugunsten der Einführung einer christlichen Gemeinschaftsschule anstelle des nach Konfessionen getrennten Systems.

Das hatte noch niemand versucht. Als ich aber spürte, wie unzufrieden die Eltern mit der rigiden konfessionellen Trennung ihrer Kinder in den Schulen waren – ich gehörte mittlerweile auch dazu, mein Mann war Katholik, die Kinder evangelisch getauft, in welche Schule also mit ihnen? –, dachte ich daran, diesen Vorstoß zu wagen. Im Frühjahr 1966 entstanden fast überall in Bayern Elterngruppen, die damit begannen, die notwendigen 25 000 Unterschriften für einen Antrag zusammenzubringen. Innerhalb kürzester Zeit hatten wir die doppelte Zahl beisammen. Über Megafone gaben wir Informationen, Unterschriftenlisten lagen auf Plätzen und in Geschäften aus, mit Fahrradkorsos und anderen Veranstaltungen mobilisierten wir genügend Eltern, um dann den zweiten Schritt, das eigentliche »Begehren«, in Angriff zu nehmen. Dafür waren mindestens zehn Prozent amtlich beglaubigter Unterschriften von Wahlberechtigten aus ganz Bayern erforderlich. Niemand traute uns zu, dass wir dieses Ziel erreichten. Wir hatten keine großartige Organisation, keine Ressourcen im Hintergrund, nur unser Engagement. Gegen uns waren außer der CSU mit ihrem flächendeckenden Apparat beide Kirchen, einige evangelische Pfarrer ausgenommen. Ich wurde mit meinen Schulplänen sogar im Gottesdienst als »glaubensfeindlich« buchstäblich abgekanzelt.

Mit 9,6 Prozent verfehlten wir nur knapp das Ziel, aber in einem zweiten Anlauf zwei Jahre später, bei dem sich nun auch die SPD offiziell beteiligte, schafften wir es glatt. Für die letzte Stufe, den eigentlichen *Volksentscheid*, einigte man sich auf einen vernünftigen Text, der schließlich von allen Volksvertretern im Landtag, ausgenommen einigen besonders klerikalen CSU-Abgeordneten, mitgetragen wurde. Heute ist die christliche Gemeinschaftsschule in Bayern selbstverständlich, und kein Mensch weiß mehr, wie hart und verleumderisch es damals bei unserem »Kulturkampf« zugegangen ist. Einige Jahre später durften sogar die ehedem als »unsittlich« bezeichneten Schulbusse eingeführt werden.

In dieser Zeit startete ich meine *Bildungsreisen durch die pädagogischen Provinzen der Bundesrepublik*. Das hieß: Ich reiste nach und nach in jedes Bundesland und recherchierte, was die jeweiligen Länder bildungspolitisch planten oder bereits realisierten. Meine Berichte erschienen zunächst in der Wochenzeitung *Die Zeit* – später in Buchform. Dann setzte ich diese Form der Informationssammlung in einer zweiten Serie inner- und außerhalb Europas fort. 1968 erschien auch diese als Buch: *Aufbruch ins Jahr 2000 oder Erziehung im technischen Zeitalter. Ein bildungspolitischer Report aus 11 Ländern.* Die Bildungsreisen haben viel dazu beigetragen, die bayerischen Rückständigkeiten im Vergleich zu anderen Bundesländern bekannt zu machen und allmählich – millimeterweise – auch zu überwinden.

Aufbruch und Reformen

Anfang 1967 kehrte ich Bayern den Rücken und folgte dem Ruf der sozialdemokratischen Regierung nach Hessen: Ich begann dort als Staatssekretärin im Kultusministerium zu arbeiten. Der zuständige Minister Ernst Schütte, ein Bergarbeitersohn aus Wanne-Eickel, zeigte sich familienfreundlich, und mit Blick auf meinen Mann und unsere Kinder wurden verständnisvolle und großzügige Regelungen für mich gefunden. Erleichtert und beflügelt wurde die Arbeit auch dadurch, dass wir übereinstimmende politische Ansichten vertraten. So verfolgten wir beispielsweise das Ziel, Reformen zur Verwirklichung gleicher Bildungschancen auf den Weg zu bringen. Minister Schütte wie auch der damalige hessische Ministerpräsident Georg August Zinn (SPD) waren das, was ich Bilderbuch-Sozialdemokraten nannte. Es war eine gute Zeit.

Wann und wie ich das alles trotz meiner jungen Familie geschafft habe, ist mir heute ein Rätsel. Es war wohl meine bildungspolitische Besessenheit, die mich angetrieben hat, und es war das Glück der Liebe zu meinem Mann und meinen beiden Kindern, die dies – samt den guten Geistern, die mir Haushalt, Kinderbetreuung und Büroarbeiten abnahmen –, möglich machten. Als eine besorgte Mutter bei einer Kindereinladung meine Tochter fragte: »Wenn deine Mutter so viel weg ist, wer erzieht dich denn dann?«, antwortete sie fröhlich: »Bei uns zu Hause wird nicht erzogen.«

Progressive Bildungspolitik auf Länderebene mit ständigem Blick auf das Ganze zu betreiben, das bedeutete für mich, permanent von zwei Seiten eingegrenzt zu werden. Zum einen wurde ich von der *Kultusministerkonferenz der Länder* (KMK) blockiert, die sich außerhalb der beiden Verfassungsebenen des Grundgesetzes in einer gleichsam dritten Instanz zu einer Mammutbehörde ausgebreitet hatte. Die KMK unterliegt keinerlei parlamentarischer Kontrolle, und auch Sitzungsprotokolle sind selbst für Landtagsabgeordnete nicht einsehbar. Da ich als hessische Staatssekretärin selbst für eine Zeit Mitglied der KMK war, kann ich manch garstig Lied von ihrem abstrusen bürokratischen Machtanspruch singen. Deshalb meine ständige Forderung: die KMK gehört aufgelöst und stattdessen eine Länder-Bund-Zusammenarbeit installiert, wenn möglich unter einem

Dach. Damit könnte das ständige Gerangel um den *Kulturföderalismus* entschärft werden. Denn ein kooperatives Wirken von Bund und Ländern in diesem Bereich – und dies war die zweite Blockade – wurde ständig behindert oder gar unmöglich gemacht. Bei der KMK hat sich die Situation bislang nicht viel geändert, und sie ist – politisch gesehen – ein zählebiges Relikt aus reformfeindlicher Länder-Eigenbrötelei.

Bis heute bedauere ich, dass es nicht gelungen ist, Erziehung und Bildung kommender Generationen zu einer gemeinsamen Aufgabe von Bund und Ländern zu machen; nicht zentralistisch, jedoch im Sinne einer *gesamtstaatlichen Verantwortung.* Dies wäre ein entscheidend wichtiges Thema für die gegenwärtige wie auch für die künftige Bildungspolitik im Land, in Europa und weltweit.

Nach dem zweiten PISA-Test: Erziehung zu demokratischer Teilhabe

Nach dem schlechten Abschneiden der Bundesrepublik im ersten und dem mittelmäßigen im zweiten *PISA-Test* 2010 wird es keinesfalls genügen, nur einige weitere Kurskorrekturen vorzunehmen, um das nächste Mal wiederum etwas besser dazustehen. Es geht nicht darum, in der Tabelle ein paar Plätze nach oben zu klettern. Vielmehr stellt sich die Frage nach der äußeren und vor allem nach der inneren Verfassung unseres Schulsystems, und zwar nicht nur nach ihrem Bildungs-, sondern vor allem auch nach ihrem Erziehungsauftrag, inklusive dem zu freiheitlich-demokratischen Verhaltensformen. Alles in allem geht es um ein zukunftsfähiges Schulwesen, in dem junge Menschen so vorbereitet werden, dass sie auch als Erwachsene neuen Anforderungen gewachsen sind.

Da heißt es Abschied nehmen von unserem bislang unerschütterlichen bildungspolitischen Credo, dass Schulen von Staats wegen organisiert und bürokratisch von Amts wegen reglementiert werden müssen, dass mit abfragbarem Wissen über Schulerfolge, manchmal sogar über Lebenswege entschieden wird.

Einem umfassenden Bildungsauftrag für künftige Generationen kann nicht länger mittels verordneter Lehrpläne Rechnung getragen werden, die nach dem Fünfundvierzig-Minuten-Takt einer Unterrichtsstunde abgewickelt werden. Meines Erachtens ist eine umfassende Re-Vision des Bildungs- und Erziehungsauftrags der Schule und ihrer Verantwortlichkeiten unverzichtbar. Das geht allerdings nicht »par ordre de mufti«, also nicht durch Verordnungen von oben, sondern durch zielorientiertes und kooperatives Vorgehen.

Angesichts des Ausmaßes dieser Herausforderungen erschweren die hierarchisch verfestigten Strukturen und Abläufe unseres derzeitigen Schulsystems nach wie vor jede wirkliche Veränderung. Deshalb stellt sich für alle Zuständigen und Verantwortlichen die vordringliche Aufgabe, die Voraussetzungen dafür zu schaffen, dass sich Schule und Unterricht, Lehrer und Verwaltungen offener und innovativer als bisher mit den sich ständig wandelnden Bedingungen auseinandersetzen, um mit ihnen Schritt halten zu können. Dazu gehört: weg vom Gängelband des Staates, weg von Denkverboten und Tabus – hin zur selbst verantworteten Erprobung neuer Formen des Lernens und Lebens in der Schule. Das wäre meine erste und wichtigste Konsequenz aus den PISA-Studien. Leider wird diese bildungspolitische Grundsatzdebatte von politisch Verantwortlichen bisher nicht oder nur äußerst verhalten geführt. Innerhalb vieler Schulen ist sie jedoch erfreulicherweise in Gang gekommen.

Es mag zwar bedauerlich sein, dass es erst des PISA-Schocks bedurfte, bevor die Bildungspolitik nach Jahrzehnten der Stagnation endlich wieder ein Thema, ein Politikum wurde. Aber jetzt besteht die Chance für einen überfälligen Aufbruch. Vor allem kommt es dabei darauf an, herauszufinden, wie individuelle, soziale und intellektuelle Entwicklungen bei möglichst vielen Kindern und Jugendlichen gefördert und altersgemäße Kompetenzen, Eigenständigkeit und Teamfähigkeit gestärkt werden können. Wie trotz Ablenkung durch tagtägliche Reiz- und Informationsüberflutung neue Formen der Wissensvermittlung zur Konzentration auf selbstständige (Lern-)Interessen und (Lern-) Ziele hinführen können – und all das mit dem Ziel, Schüler zu mehr Kreativität und zur Selbst- und Mitverantwortung für den persönlichen Bildungsprozess zu befähigen. Das alles gilt auch und in hohem Maße für Kinder aus anderen Kultur- und Sprachregionen.

Die Vernachlässigung des Erziehungsauftrags unserer Schulen im Allgemeinen und zur Demokratiefähigkeit im Besonderen ist mir bereits in den sechziger Jahren bewusst geworden, als ich im Anschluss an meine damaligen Informationsreisen durch die »pädagogischen Provinzen« der Bundesrepublik und in fast alle westlichen Demokratien inklusive der USA und Kanadas vergleichende Recherchen anstellte. Schon damals wurden mir die bemerkenswerten Anstrengungen deutlich, die andere Demokratien auf sämtlichen Feldern sozialer und demokratischer Bildung und Erziehung vom Kindergarten bis zum Schulabschluss aufzuweisen hatten. Da gab es Projekte zum Einüben und Einhalten selbst gegebener Spielregeln im schulischen Zusammenleben, zum Erwerb sozialer Kompetenzen, inklusive schulinterner Konfliktlösungen. Ich lernte Unterrichtseinheiten kennen, die zum selbstverantworteten demokratischen Handeln inner- und außerhalb der Schulgemeinschaft ermutigten und das Absolvieren freiwilliger sozialer Dienste förderten. Desgleichen erlebte ich selbst organisierte Debattierclubs und gut vorbereitete Diskussionen mit Fachleuten aus Wirtschaft, Wissenschaft, Verwaltung und Politik. Das alles war natürlich nur in Ganztagsschulen möglich. Hinsichtlich dieser Lern- und Erziehungsziele war die Diskrepanz zu unserem verstaatlichten und reglementierten Schulsystem schon damals eklatant.

Die Schulen, die wir also brauchen, müssen Schulen sein, die die Voraussetzungen dafür schaffen, dass unseren Kindern und Enkeln am Ende nicht nur amtliche Abschlüsse und unterschiedliche »Reifegrade« bescheinigt werden, sondern dass sie von klein auf zur Mitverantwortung, zu Fairness, Toleranz und Zivilcourage – zu demokratischer Teilhabe befähigt werden. Weshalb tun wir uns mit der Verwirklichung von all dem aber so schwer? Zum einen, weil Erziehung im umfassenden Sinne in Deutschland von jeher als vornehmliche Aufgabe des Elternhauses verstanden wurde. Zum anderen, weil das soziale und mediale Umfeld, in dem Kinder und Jugendliche heute heranwachsen, zumeist konträr zu den schulischen Erziehungszielen ist: Warum soll man in der Schule fordern und fördern, was in der Gesellschaft und in vielen Elternhäusern längst nicht mehr »in« ist? Weshalb etwas lernen, was nicht unbedingt verlangt wird? Weshalb Anstrengungen machen, die nicht unmittelbar dem persönlichen Vorteil zugutekommen? Weshalb Rücksicht nehmen auf Schwächere und ihnen zur Seite stehen, wenn allein »Ellbogen« entscheiden? Weshalb soll man sich für das Gemeinwesen engagieren, wenn die Angebote der Spaßgesellschaft so viel verlockender erscheinen? Dennoch müssten wir all das versuchen. Gerade hier liegen die eigentlichen Bewährungsproben für unsere Schulen, aber auch für die Elternhäuser: nicht die »heile Welt« vorgaukeln, sich nicht von der Realität abkapseln, sondern andere Maßstäbe und Spielregeln setzen, sie einüben und vorleben.

Das Ergebnis und der Stellenwert all dieser Bemühungen wird sich zwar nicht unmittelbar in PISA-Kategorien messen lassen, wohl aber kann ein gutes Schulklima ein Zusammengehörigkeits- und Wir-Gefühl erzeugen und damit mittelbar zum Erfolg einer Schule beitragen. Das gute Abschneiden der skandinavischen und angelsächsischen Schulen geht entscheidend auf diese Faktoren zurück. Ganztagsschulen können und sollen nicht nur als Lern-, sondern vor allem als Erziehungs-, Förder- und Lebensorte gestaltet werden.

Der Deutsche Schulpreis, der alle zwei Jahre von der *Robert-Bosch-Stiftung* und der *Heidehof-Stiftung* verliehen wird, verfolgt genau diese Ziele. Aber ein Preis allein schafft noch keinen Aufbruch. Was wir brauchen, sind breit gestreute Ermutigung und

Anerkennung. Und wir brauchen dringend einen gesellschaftspolitischen Konsens über die Priorität dieser Lern- und Erziehungsziele sowie über die Aufwertung des Lehrerberufs.

Wie stehen die Chancen, dass die beschriebenen Schwächen und Defizite in unserem Schulsystem nicht nur durch partielle Reparaturen übertüncht, sondern von Grund auf revidiert werden? Sie stehen nur dann gut, wenn die Öffentlichkeit nicht länger die bildungspolitischen Versäumnisse hinnimmt, sondern Erziehung zur demokratischen Verantwortung als prioritäre gesellschafts-, demokratiepolitische und nationale Aufgabe erkennt.

Zu guter Letzt: Für mich persönlich ist der erfreuliche PISA-Aufbruch eine Genugtuung für meine jahrzehntelange bildungspolitische Sisyphusarbeit, und das bedeutet mir mehr als jeder Blumentopf.

Noch eine Chance für die Liberalen:
mit Walter Scheel und Karl-Hermann Flach –
Aufbruch in die sozialliberale Ära.

7
Über Glanz und Elend des politischen Liberalismus

Am 22. September 2002, am Wahlsonntag, fuhr ich mittags – also noch vor Bekanntgabe der Wahlergebnisse – zum Postamt am Münchner Hauptbahnhof und schickte um 14 Uhr per Einschreiben meinen Austrittsbrief an die FDP, zu Händen des »Vorsitzenden Herrn Dr. Guido Westerwelle«. Es war das letzte von drei Schreiben, die sich mit bildungspolitischen Versäumnissen und dem neuen Kurs der FDP – dem Wandel zur rechten Spaßpartei – auseinandergesetzt hatten, jedoch ohne vernünftige Antwort geblieben waren. Der Austrittsbrief hat folgenden Wortlaut:

Sehr geehrter Herr Vorsitzender,

nach mehrmonatiger Bedenkzeit erkläre ich heute, am 22. September, meinen Austritt aus der FDP. Diese Entscheidung habe ich bewusst vor dem Wahlausgang und seinen Ergebnissen, sowie unabhängig von der politischen Zukunft Ihres Stellvertreters (Jürgen W. Möllemann) getroffen.

Meine Entscheidung, die mir sehr schwergefallen ist, basiert auf der Einsicht, dass ich meine persönlichen und politischen Grundwerte in der heutigen FDP nicht mehr ausreichend vertreten kann und gewährleistet sehe. Aus dieser Entwicklung und insbesondere durch die andauernde rechtspolitische, antiisraelische und tendenziell Antisemitismus schürende Agitation des stellvertretenden Parteivorsitzenden ist eine wechselseitige Entfremdung zwischen der Partei und mir entstanden, die für mich unerträglich und irreparabel geworden ist, weil sie die Fundamente meiner Überzeugungen für mein politisches Engagement infrage stellt.

Nach dem Erleben und den Erfahrungen der Nazidiktatur wollte ich seit 1945 alles in meinen Kräften Stehende dazu beitragen, dass in Deutschland nie wieder Rassen- und Fremdenhass direkt oder indirekt geschürt oder gar geduldet werden darf. Jüdischen und anderen rassischen und/oder religiösen Minderheiten sollte hinfort nicht nur eine angstfreie, sondern auch eine geachtete und gleichberechtigte Existenz gesichert und garantiert werden. Das schließt auch das Existenzrecht des Staates Israel in gesicherten Grenzen ein. Aus diesen Gründen konnte und kann ich diesbezügliche Kursschwankungen und Formelkompromisse, wie sie in der FDP gang und gäbe geworden sind, nicht länger mittragen.

Meine diesbezüglichen Besorgnisse habe ich Ihnen, Herr Vorsitzender, wiederholt mitgeteilt und dabei auf Ihre besondere Verantwortung für absehbare (Fehl)Entwicklungen in der FDP hingewiesen. (Ich erinnere an meine Briefe vom 12. Dezember 2001 und vom 6. Mai sowie 23. Juni 2002.) Ihre Reaktionen auf meine und andere warnende Stimmen, vor allem aber Ihr zögerliches Verhalten hinsichtlich der Eskapaden Ihres Vertreters haben mich in meiner Kritik bestärkt, dass Sie Ihre Führungsverantwortung nicht rechtzeitig und nicht ausreichend wahrgenommen haben. Sie haben zu lange geschwiegen und dem Möllemann-Kurs nicht rechtzeitig Paroli geboten. Für »Last-minute«-Absetzbewegungen ist es nun zu spät. Langwierige Personalquerelen und Turbulenzen sind absehbar.

Mein Resümee: Nach vierundfünfzigjähriger Parteizugehörigkeit (darunter viele Jahre in führenden Parteiämtern) vermag ich in einer zur rechten Volkspartei à la Möllemann gestylten FDP keine Spuren eines Theodor Heuss, eines Thomas Dehler und Karl-Hermann Flach, eines Ignatz Bubis und vieler anderer aufrechter Liberaler mehr zu entdecken. Damit habe ich meine politische Heimat verloren und muss von heute an, traurigen Herzens, zur liberalen Wechselwählerin werden.

H. Hamm-Brücher

So endete eine Verbindung, die über ein halbes Jahrhundert gehalten hatte, obgleich sie bereits zuvor immer mal wieder auf der Kippe gestanden hatte.

Stationen des politischen Liberalismus

Die Geschichte des politischen Liberalismus in Deutschland war schon seit Bismarcks Zeiten stets wechselvoll: Mal war man links, mal rechts, mal gemeinsam mit anderen, mal getrennt. Bis zu seinem frühen Tod 1919 war Friedrich Naumann die überragende liberale Persönlichkeit; er hatte es mit seiner Politik und Gesinnung geschafft, dass sich »Rechts-« und »Links«-Liberalismus versöhnten, was oft merkwürdig widersprüchlich wirkte. Die Linksliberalen hatten zu Beginn der Weimarer Republik großen Zulauf und herausragende Persönlichkeiten wie Max Weber, Walther Rathenau oder den Schöpfer der Weimarer Verfassung, Hugo Preuß. Damit errang die linksliberale *Deutsche Demokratische Partei* (DDP) bei den ersten Wahlen im Januar 1919 einen großen Erfolg (18 Prozent) und bildete mit der SPD und der Zentrumspartei die »Weimarer Koalition«, die erste Regierung der Republik. Von Wahl zu Wahl verlor sie jedoch an Stimmen, stattdessen wurde in der zweiten Hälfte der Weimarer Republik die rechtsliberale *Deutsche Volkspartei* (DVP) stärker und erlebte unter Gustav Stresemann mit Wahlergebnissen zwischen 8,7 Prozent und 10,1 Prozent ihren Höhepunkt. Bei den letzten halbwegs freien Reichstagswahlen am 5. März 1933 erreichte die DVP 1,1 Prozent, die inzwischen in *Deutsche Staatspartei* umbenannte DDP nur noch 0,9 Prozent. Durch eine Listenverbindung mit der SPD erhielt die *Deutsche Staatspartei* jedoch fünf Abgeordnetensitze, die DVP nur zwei.

Die fünf linksliberalen Abgeordneten, zu denen auch Theodor Heuss zählte, waren anfangs gegen eine Annahme von Hitlers *Ermächtigungsgesetz*, stimmten diesem aber am 23. März 1933 letztlich zu, was Heuss bis zu seinem Tode zutiefst bereute, da es die Grundlegung für einen Verfassungsbruch und damit die Festigung der nationalsozialistischen Diktatur bedeutete. Die zwei DVP-Abgeordneten waren sowieso dafür, man vermutete, sie hätten schon das Parteibuch der NSDAP in der Tasche gehabt. Im Juni 1933 wurden beide liberale Parteien verboten, und damit ging eine wenig glanzvolle Zeit des politischen Liberalismus zu Ende. Nach 1945 gab es nur noch wenige Linksliberale wie etwa Theodor Heuss oder Reinhold Maier, den ersten Ministerpräsidenten von Baden-Württemberg, oder auch Thomas Dehler – dafür umso mehr Gesinnungs-DVPler, die die neu gegründete FDP jahrelang rechts von der CDU verorten und als Auffangbecken für ehemalige Nazis öffnen wollten. Im Prinzip hat sich die Aufspaltung in Rechts- und Linksliberalismus bis Jürgen Möllemann erhalten. Auch heute schwelt sie noch gelegentlich weiter, einen nennenswerten linksliberalen Flügel gibt es nicht mehr.

Über die sozialliberale Ära (1969–1982)

Mein persönlicher Erfolg im Wahlkampf 1962 hatte zur Folge, dass ich wenig später in den Bundesvorstand der FDP gewählt wurde, in dem ich mit einer kleinen Unterbrechung bis zu meinem Austritt 2002 Mitglied war. Zeitweise saß ich auch im Präsidium, einmal war ich sogar für vier Jahre stellvertretende Bundesvorsitzende. Dabei lernte ich das wechselvolle Innenleben der FDP recht gut kennen.

Anfang der sechziger Jahre war Erich Mende der Bundesvorsitzende der FDP, ein ehemaliger Offizier mit sichtbarem Ritterkreuz, der nie wirklich in dem neuen pluralistisch verfassten Gemeinwesen angekommen war. Zwar gab es zu dieser Zeit eine Art Bundesparteiprogramm, das aber aus lauter Kompromissen bestand, denn die Parteirechten hatten auf dem Emser Parteitag von 1952 ein national-liberales *Deutsches Programm* proklamiert, und die sogenannten Linksliberalen hielten sich an ihr *Liberales Manifest*. Dennoch sollte eine neuerliche Spaltung vermieden werden. Es wurde über die Programme nicht abgestimmt.

Wirklich politisch beheimatet fühlte ich mich in der Bundes-FDP erst, als Ralf Dahrendorf Ende der sechziger Jahre auf den Plan trat und mit vielen neuen Ideen ein klares Programm für eine moderne, liberale Partei entwarf, und als der Reformer Hans Wolfgang Rubin, damals stellvertretender Bundesvorsitzender der FDP, mich mit seiner schon erwähnten Initiative *Stunde der Wahrheit* begeisterte, die zum Auftakt unseres Engagements für eine neue Ostpolitik wurde. Desgleichen wirkten in dieser Phase der Bundesrepublik Karl Georg Pfleiderer, der als ehemaliger Diplomat die Notwendigkeit einer Aufnahme diplomatischer Beziehungen mit Jugoslawien durchsetzte, und Wolfgang Schollwer, der die Entwürfe für eine neue Ostpolitik formulierte.

Endlich wusste ich, dass ich in der richtigen Partei war, und daran änderte sich auch bis Anfang der achtziger Jahre nichts. Die *Freiburger Thesen* mit den vier großen Themen sozialer Liberalismus, Mitbestimmung, Umweltinitiative und Vermögensbildung wurden 1971 verabschiedet und von mir unterstützt. Nicht zuletzt war es der gerade gewählte Generalsekretär Karl-Hermann Flach, der im selben Jahr mit seiner Streitschrift *Noch eine Chance für die Liberalen?* den neuen Kurs nicht nur wie Dahrendorf durchdachte, sondern auch durchsetzte.

Mit den *Freiburger Thesen* waren die liberalen Antworten auf die großen gesellschaftspolitischen Veränderungen der siebziger Jahre überzeugend und weitsichtig formuliert. Etwas später folgten die *Stuttgarter Leitlinien* zur Bildungspolitik, die von einigen liberalen Mitstreitern und mir entworfen wurden, aber nie als Gesetze realisiert werden konnten. Immerhin waren sie in der öffentlichen Bildungsdiskussion jahrelang so etwas wie ein bildungspolitisches Gütesiegel der Partei.

Alles in allem hatte die FDP ihren wabernden Rechtskurs nach Freiburg durch ein klares sozialliberales Profil ersetzt. Leider sollte das nur etwa eineinhalb Jahrzehnte Bestand haben. Die Abkühlung und Entfremdung zwischen den Koalitionspartnern

SPD und FDP begann bereits Anfang der achtziger Jahre. Zum einen entsprang sie der Verschlechterung des persönlichen Verhältnisses zwischen Kanzler Helmut Schmidt und seinem Stellvertreter, Außenminister Hans-Dietrich Genscher. In dem Maße, wie ihre Meinungen voneinander abwichen, wuchs die Affinität zwischen Genscher und seinem Duzfreund Helmut Kohl, der unverblümt und mit verheißungsvollen Avancen um die FDP warb. Hinzu kam, dass Wirtschaftsminister Otto Graf Lambsdorff, dem der sozialliberale Kurs ohnehin nie recht behagt hatte, in der Partei, aber auch bei den FDP-Sympathisanten in der Wirtschaft neuerlich an Ansehen gewonnen hatte. Er attackierte immer hörbarer die SPD.

Kanzlersturz und seine Folgen

Die Vorbereitungen eines Koalitionswechsels begannen im Frühjahr 1982 mit äußerster Vorsicht und Geheimhaltung. Vorausgegangen war Genschers sogenannter *Wendebrief* vom 20. August 1981, in dem er seine Parteimitglieder auf bestehende Konflikte mit der SPD und eine mögliche Umorientierung einstimmte. Der Brief sorgte für beträchtliche Unruhe, es schien aber zunächst alles wie bisher weiterzugehen.

In den nächsten Monaten bemühte man sich, Zweifler und Zögerer für die Notwendigkeit eines Misstrauensvotums gegen Schmidt und eine Wahl Kohls zum Kanzler zu gewinnen – und man war erfolgreich. Da ich eine ausgezeichnete Meinung von der Persönlichkeit und Kompetenz Helmut Schmidts gewonnen hatte, war ich entschlossen, auf keinen Fall einem Misstrauensvotum zuzustimmen. Daraus machte ich keinen Hehl, wie ich es dann ja auch am 1. Oktober 1982 in einer persönlichen Erklärung zum Ausdruck gebracht habe (siehe Kapitel 4 und Text im Anhang).

Für uns etwa zwanzig Dissidenten sprach Ex-Innenminister Gerhart Baum sehr überzeugend in der entscheidenden Plenarsitzung des Bundestags am 1. Oktober. In der Nacht vor der Sitzung war mir klar geworden, dass ich mich auch zu Wort melden wollte, um meinen persönlichen Dissens mit dem Gebot des Artikels 38, Absatz 1 des Grundgesetzes zu begründen – nach dem Abgeordnete an »*Aufträge und Weisungen nicht gebunden und nur ihrem Gewissen unterworfen*« sind. Ein weiterer Grund war das im letzten Wahlkampf 1980 gemachte Wählerversprechen, die Koalition weitere vier Jahre fortsetzen zu wollen und diese Zusage nicht ohne Wählervotum rückgängig zu machen.

Für meine Erklärung hatte ich mir nur Notizen gemacht, und ich war mir nicht im Klaren, ob und was meine Rede unter Umständen bewirken könne. Aber der Aufruhr und die Resonanz waren enorm. Wie die Bundestagsprotokolle ausweisen, hat mich zum Beispiel der damalige Generalsekretär der CDU, Heiner Geißler, bezichtigt, »einen Anschlag auf unsere Verfassung« verübt zu haben, was natürlich nicht der Fall war. Ganz am Rande sei noch vermerkt, dass der schließlich gewählte Bundeskanzler, Helmut Kohl, mich seit dieser meiner Rede nicht ein einziges Mal mehr gegrüßt oder zur Kenntnis genommen hat. Selbst bei der Bundespräsidentenwahl 1994, als ich als Kandidatin der FDP neben dem FDP-Vorsitzenden in der ersten Reihe der Bundesversammlung saß, hat er es nicht für nötig befunden, mir einen Gruß oder wenigstens einen Blick-Gruß zuteilwerden zu lassen – was ich nun meinerseits als »kleinkariert« empfunden habe.

Nach dem dramatischen Kanzlersturz in der zweiten Hälfte des Jahres 1982 traten etliche Abgeordnete aus der FDP-Fraktion aus, darunter Ingrid Matthäus-Maier und Günter Verheugen. Andere kandidierten nicht wieder, und die Abgabe von Parteibüchern an der Basis war enorm. Ich erhielt etwa viertausend Zuschriften, größtenteils mit dankbarer Zustimmung.

Dass die FDP bei der im März 1983 nachfolgenden Bundestagswahl die Fünf-Prozent-Hürde mit sieben Prozent übersprang, ist nachweislich nur dadurch zustandegekommen, dass offenkundig viele CDU-Wähler mit ihrer Zweitstimme den Liberalen halfen. (Die FDP hatte nur 2,8 Prozent Erststimmen und sieben Prozent Zweitstimmen; die CDU 41 Prozent Erststimmen und »nur« 38,2 Prozent Zweitstimmen.) Anschließend konnte die FDP die Koalition mit der CDU/CSU, nunmehr durch Wahlen bestätigt, fortsetzen. Trotz mancher Nachbeben innerhalb der Fraktion über den Kurswechsel gelang es dem Außenminister, der nach wie vor Hans-Dietrich Genscher hieß, seine bisherige Politik unverändert fortzusetzen, was letztlich 1989 zum Fall der Mauer und zur Wiedervereinigung beitrug. Deshalb halte ich Genschers Verdienste hierfür mindestens ebenso groß wie die des Kanzlers Kohl, der ja mitsamt seiner Partei die bahnbrechende sozialliberale Ost- und Entspannungspolitik jahrelang vehement bekämpft und verunglimpft hatte.

Im Übrigen folgte die FDP der Politik des neuen Kanzlers, die eine »geistig-moralische Wende« bewirken sollte, stattdessen aber etliche Skandale mit sich brachte.

Die *Freiburger Thesen* wurden kaum noch erwähnt, es kamen keine Anregungen von Dahrendorf mehr, der ebenfalls die Partei verlassen hatte. Es gab keine Umweltpolitik, um die sich zuvor Gerhart Baum große Verdienste erworben hatte, desgleichen wurde der äußerst qualifizierte und integre Rechtspolitiker Burkhard Hirsch auf Jahre isoliert. Insgesamt mutierte die FDP wieder zur traditionellen, angepassten Mittelstandspartei.

Insbesondere war es die *Flick-Affäre*, bei der es um illegale Zuwendungen in Millionenhöhe ging (»zur besonderen Pflege der Bonner Landschaft«, wie es Flick-Repräsentant Eberhard von Brauchitsch 1984 vor Gericht aussagte), die jede wirkliche »geistig-moralische Wende« verhinderte. In den Parteispendenskandal waren außer Graf Lambsdorff auch andere FDP-Politiker involviert, außerdem prominente CDU-Politiker. Die Affäre offenbarte schlimme illegale Praktiken, was bei den Bürgern eine erste Welle an Politik(er)verdrossenheit auslöste und beträchtlichen Schaden für das Ansehen der Demokratie anrichtete.

Empörung gab es auch 1985 anlässlich der vierzigjährigen Wiederkehr des Kriegsendes, als Bundeskanzler Kohl mit dem damaligen amerikanischen Präsidenten Ronald Reagan zum Zeichen der Versöhnung demonstrativ über den Soldatenfriedhof im rheinland-pfälzischen Bitburg wanderte, auf dem auch viele frühere SS-Leute begraben liegen. Ich beteiligte mich stattdessen zusammen mit jüdischen Veteranen und Organisationen an einer Demonstration, die zu den Gräbern der Widerstandskämpfer der *Weißen Rose* auf dem Friedhof am Perlacher Forst in München führte.

Gleichzeitig war dieser 8. Mai 1985 aber auch der Tag, an dem Richard von Weizsäcker in seiner bereits erwähnten Rede ein Bekenntnis zur Demokratie, zum Widerstand gegen den Rechtsextremismus und zur Notwendigkeit der Erinnerung an das Geschehen in der NS-Zeit ablegte.

Die FDP war und blieb nach der »Wende« hin zur CDU/CSU angeschlagen. Trotz vieler Versuche und neuer Programme hat sie selbst nach der Wiedervereinigung kein programmatisches Profil zurückgewinnen können. Heute, in der Fünf-Parteien-Demokratie, haben sich die *Grünen* – wie häufig zu hören ist – als eine Art sozialliberale Partei etabliert.

Die FDP vor und nach der Wiedervereinigung

Die Vereinigung brachte der FDP ab 1990 zwar dank zahlreicher gebürtiger Ostdeutscher in ihren Reihen wie Wolfgang Mischnick, Hans-Dietrich Genscher oder Gerhart Baum wieder Auftrieb, der aber nur kurz anhielt; wirkliche Wurzeln konnte sie im Osten nicht schlagen. Um die Jahrtausendwende dann versuchten sich die Liberalen als Spaß- und später als Steuersenkungspartei zu profilieren, womit sie 2009 mit 14,6 Prozent den größten Wahlerfolg in ihrer Geschichte einfuhr. Dem glanzvollen Sieg folgte das Elend fast auf dem Fuße, als es mit den versprochenen Steuererleichterungen nichts wurde: Die FDP sackte in der Wählergunst bis auf drei Prozent ab und laboriert seither an der Fünf-Prozent-Schicksalsquote.

Über die Zukunft des politischen Liberalismus

Woran mangelt es der heutigen liberalen Partei? Meinem Eindruck nach fehlen ihr vor allem Persönlichkeiten, die durch Lebensleistung und innere und äußere Unabhängigkeit überzeugend und eigenständig sind. Es fehlen ihr in einer überbordend-liberalisierten Gesellschaft Positionen, die sich vom konservativen und sozialdemokratischen, oft liberalistischen Mischmasch unterscheiden und die dem ausufernden Missbrauch der Freiheit – etwa im Internet, in manchen Medien oder hinsichtlich der Übermacht skrupelloser Banken – klipp und klar eine Absage erteilen.

Und es fehlt an jenem Freimut, mit dem wir seinerzeit als junge Politiker unsere Positionen vertreten hatten, ohne Ärger im eigenen Lager zu scheuen. Wenn ich mich in diesem Zusammenhang an den Parteitag 1967 in Hannover erinnere, bei dem ich mich zum Beispiel unter Beifall, aber auch lauten Protestrufen für die Anerkennung der Oder-Neiße-Grenze einsetzte, dann waren das noch offene liberale Auseinandersetzungen, die später reiche Früchte trugen. Heute sind Parteitage aller politischen Gruppierungen, ausgenommen die der Grünen, durchgestylte Show-Veranstaltungen, die Geschlossenheit vorführen sollen und nicht der Fortentwicklung und Klärung demokratischer Positionen dienen. Eine lebendige »*democracy by discussion*« findet öffentlich jedenfalls nicht statt.

Offenbar gibt es beim Parteinachwuchs der Liberalen einige hoffnungsvolle junge Frauen und Männer, aber sie vermitteln (noch) nicht jenes Profil liberaler Eigenständigkeit und Zuversicht, das die FDP braucht, wenn sie erkennbar und unverwechselbar sein will. Ein Christian Lindner allein macht noch keine neue FDP.

Die Partei des politischen Liberalismus müsste sich und ihren Standort im Fünf-Parteien-Spektrum neu begründen. Vor allem müsste sie die Partei sein, die die Defizite und Fehlentwicklungen der repräsentativen Demokratie beim Namen nennt und zur Überwindung der Glaubwürdigkeitsdefizite beiträgt, so wie ich es im Kapitel 5 über Demokratiepolitik beschrieben habe. Damit würde sie Vertrauen zurückgewinnen.

Oft werde ich gefragt, ob ich meinen Austritt bereue und ob es in unserer liberalen Gesellschaft für eine FDP überhaupt noch eine eigenständige Existenzberechtigung gibt, abgesehen von ihrer Rolle als neoliberale Steuersenkungs- und Wirtschaftspartei beziehungsweise als Mehrheitsbeschafferin für die CDU. Die erste Frage beantworte ich mit einem klaren Nein. Mein politischer Standort ist und bleibt der einer freischaffenden Liberalen. Das heißt: Ich unterstütze Politiker und Politik gleich welcher Partei, wenn sie freiheitliche und verantwortungsbewusste Positionen durchzusetzen versuchen, so zum Beispiel Joachim Gauck anlässlich seiner überraschenden Kandidatur für das Amt des Bundespräsidenten. Im Laufe der Jahrzehnte hat sich in mir die Erkenntnis gefestigt, dass ich als »Parteisoldatin« ziemlich unbrauchbar bin und mich mit den Alltagszwängen, die ja nicht nur Kompromisse, sondern andauernd auch Konzessionen verlangen, schwertue. Liberal zu sein, das ist für mich heute eher eine parteiübergreifende Allianz – eine Haltung, die sich nicht in einer Parteiprogrammatik einfangen und auf Hochglanzpapier festschreiben lässt. Auch unter den FDP-Mitgliedern gibt es übrigens solche Liberale – mit denen ich mich nach wie vor verbunden fühle.

Die zweite Frage, die nach der Zukunft einer liberalen Partei in Deutschland, vermag ich nicht zu beantworten. Dazu gibt es zu viele unbekannte Herausforderungen, nicht zuletzt die langfristigen Folgen der elektronischen, digitalen und wissenschaftlichen Veränderungen sowie die drohenden globalen Katastrophen. Es ist sehr zu hoffen, dass es auch auf diese Entwicklungen wieder liberale Antworten geben wird – mit oder ohne eine Partei, die ständig am Existenzminimum laborieren und taktieren muss.

Meine Familie als Lebensbegleiter –
auch zur Kandidatur zum Bundes-
präsidenten (Erwin, Miriam Verena
und Florian Hamm).

8
»Und dennoch …«
Über die letzten zwei Jahrzehnte, Ausblicke

Rente mit Neunzig

Zwanzig Jahre nach meinem Rückzug aus der aktiven Politik wird es Zeit, meine politische Lebensbilanz abzuschließen. Seit 1991 bin ich nun bereits ohne offizielle Verpflichtungen, verstehe mich jedoch als Bürgerin und Zeitzeugin in freiwilligen Diensten. Zwanzig Jahre sind eine lange Zeit, während der sich viel verändert hat, persönlich wie politisch. Regierungen haben seither gewechselt, eine schwere Wirtschafts- und Finanzkrise liegt hinter uns, spürbare Umstrukturierungen liegen vor uns. Neue Gesichter fast überall, liebe alte haben mich verlassen. Und dennoch geht das Leben weiter mit guten und schlechten Tagen, mit Freuden und Kümmernissen. Mein Mann ist im Jahr 2008 achtundneunzigjährig gestorben, und die Lücke will und will sich nicht schließen. Zwei Brüder und viele Freunde sind nicht mehr am Leben. Die Geburtsdaten von Verstorbenen, die in den Todesanzeigen von Zeitungen zu lesen sind, machen mir täglich bewusst, dass ich nun zu den ganz Alten zähle. Alles geht langsamer und ist mühsamer. Ich musste lernen, Büro, Sekretärin, Dienstwagen und Arbeitshilfen zu entbehren; lernte dafür PC, Fax und Drucker zu bedienen. Viele Trends mache ich nicht mehr mit, zum Beispiel die Aufforderung und Jagd nach immer mehr Konsum und Seniorenrummel. Mit manchen Neuerungen kann ich mich nicht mehr befreunden, so zum Beispiel mit der angeblich unverzichtbaren Nutzung von Internet, E-Mail, Facebook oder iPod. Dennoch gab und gibt es viel zu tun und manches zu unterlassen. Eigentlich war es bislang eine Art Vorruhestand, und nun erst, mit neunzig, hoffe ich auf die endgültige Rente.

Ereignisse im Vorruhestand: Die Kandidatur zum Amt des Bundespräsidenten

Die Jahre bis zur Jahrtausendwende brachten noch keinen Abschied von der Politik. Da war zunächst 1993/1994 meine Kandidatur zum Amt des Bundespräsidenten. Hans-Dietrich Genscher hatte eine Kandidatur abgesagt, weil die CDU einen eigenen Anwärter aufstellen wollte, und damit war seine Wahl nicht mehr gesichert. Stattdessen sollte ich liberale Flagge zeigen. Dazu war ich bereit, denn ich wollte diese Chance nutzen, um zu zeigen, dass auch eine Frau gewählt werden könnte, was damals noch gar nicht selbstverständlich war. Aber worum ging es mir noch? Was hatte ich mir vorgenommen?

Zuerst und vor allem ging es nicht um mich. Dass diese Kandidatur strapaziös, voller Fußangeln und nicht aussichtsreich sein würde, darin bestand für mich von Anfang an kein Zweifel. Es ging mir, wie ich bereits anlässlich meiner Nominierung in Magdeburg am 15. Oktober 1993 zu Protokoll gegeben hatte, um dreierlei:

1. *Ich wollte (und will) zu überfälligen Korrekturen und Reformen in unserem demokratischen Gemeinwesen ermutigen, die Parteien und Politiker ebenso betreffen wie demokratische Institutionen, Medien und eine Bürgergesellschaft, die zwischen Gleichgültigkeit, Ohnmachtgefühlen und Zorn schwankt, – in jedem Falle ratlos ist.*

2. *Ich wollte (und will) auf dem mühsamen Weg zur Vollendung der Gleichberechtigung von Frauen und Männern eine neue Etappe eröffnen, in der Frauen sich nicht damit begnügen, Mandate und Positionen zu erringen, sondern sich bewusst auch in die – nach wie vor ausschließlich männlich geprägten – politischen Denk- und Verhaltensmuster einmischen.*

3. *Nicht zuletzt wollte (und will) ich der Partei des politischen Liberalismus einen Dienst erweisen und dazu beitragen, ihr eigenständiges Profil zu stärken, weil ich überzeugt bin, dass sie in unserem Parteienspektrum gebraucht wird.*

Die neun Monate von der Nominierung bis zum Wahltag nutzte ich, um über meine Vorstellungen Rechenschaft abzulegen. Ein Wahlkampf sollte es nicht sein, wohl aber der Versuch, für neue Impulse der unter Kanzler Kohl behäbig dahindümpelnden Demokratie zu werben.

Bei Umfragen waren meine persönlichen Zustimmungswerte immerhin beträchtlich höher als die des CDU-Kandidaten Roman Herzog. Aber natürlich erhielt er, allerdings erst im dritten Wahlgang, die Mehrheit der Wahlmännerstimmen. Kohl hatte den Rückzug meiner Kandidatur bei der FDP nach zwei sehr erfolgreichen Wahlgängen gefordert, und das wurde seitens der FDP-Führung gehorsam befolgt. Die Sozialdemokraten hielten an ihrem Kandidaten Johannes Rau fest, was viele SPD-Delegierte, vor allem weibliche, nachträglich bedauerten.

Als alles überstanden war, zog ich mit meiner Familie, die das Geschehen von der Tribüne aus miterlebt hatte, erleichtert davon. Vor dem Reichstag stand ein Häufchen Frauen, die mir freundlich und anerkennend zuwinkten. Bei nachfolgenden Wahlen zum Bundespräsidenten wurden Frauen weiterhin nur als Zählkandidatinnen gebraucht. Stets entschied und entscheidet allein die Parteiräson, und damit sollte es nach meiner Einsicht in Zukunft ein Ende haben! Eine Volkswahl unseres Staatsoberhaupts, wie sie in den meisten westlichen Demokratien üblich ist, die keine Monarchien sind, ist überfällig! Darin hat mich noch eine weitere Erfahrung bestärkt: Der Zufall hat es gewollt, dass ich im Jahr 2010 als »Wahlfrau« der hessischen Grünen an der Bundespräsidentenwahl teilnahm. Sie haben mich zur Unterstützung ihres Kandidaten Joachim Gauck eingeladen. Welch seltsames Comeback sechzehn Jahre nach meiner eigenen Kandidatur: dieselbe Klüngelei, dieselbe Abstimmungsdiktatur, aber auch ein wenig Erinnerungsnostalgie und ein Wiedersehen mit vielen ehemaligen Kollegen.

Gauck hatte ebenfalls keine Chance, nutzte aber seine Möglichkeiten sehr eindrucksvoll. In der allgemeinen Missstimmung, sichtbar geworden auch an den Umfragetiefs der Parteien und der Politik überhaupt, hätte unserem Land nach dem unplanmäßigen Rücktritt Horst Köhlers, den ich sehr bedauerte, ein Präsident der Ermutigung und des Neuanfangs gutgetan. Heute würde ich mir einen Präsidenten wünschen, der nicht nur Sonntagsreden hält, sondern darüber nachdenkt und ausspricht, was unsere Parteiendemokratie politisch nicht mehr ausreichend zusammenhält. So viel Unabhängigkeit sollte er sich leisten.

Der Parteiaustritt

Das zweite Ereignis, das meinen Vorruhestand in Unruhe versetzte, war mein *Austritt aus der FDP* im September 2002. Ich habe ihn bereits beschrieben (siehe Kapitel 7), möchte aber doch noch etwas über die persönlichen Verletzungen und die Betroffenheit hinzufügen, die er bei mir nachträglich hinterlassen hat. Ich habe in der Folge zahlreiche Briefe erhalten, auch von enttäuschten Parteifreunden, die mir vorwarfen, dass man wegen »so ein bisschen Wahlkampf-Antisemitismus« nicht aus der Partei austritt. Ich konterte: Nur »ein bisschen« antisemitisch sein, das könne man ebenso wenig wie nur »ein bisschen schwanger sein«. Antisemitismus sozusagen als Kavaliersdelikt und Wahlkampfmasche zu verharmlosen, das rechtfertigte sehr wohl meinen Austritt aus der FDP, vor mir selbst und den tragischen Schicksalen in meiner Familie während der Nazizeit. So etwas bekümmert heute aber niemanden mehr. Schade, dass niemand der FDP-Granden es je für nötig befunden hat, mit mir ein Gespräch darüber zu führen. So blieb es beim Bruch, wenn auch mit gelegentlichen persönlichen und dann auch freundlichen Begegnungen.

Versuch einer Bilanz

An der Schwelle zu meinem zehnten Lebensjahrzehnt frage ich mich rückblickend, ob und wie ich den beiden Zielen, die ich mir nach 1945 gesetzt hatte, gerecht geworden bin. Mein politisches Engagement reduzierte ich, nein, nicht reduzierte, sondern konzentrierte ich, nachdem wir aus der Unfreiheit in die Verantwortung für die Freiheit entlassen worden waren, zum einen auf die Verpflichtung, das Vermächtnis der Opfer des Nazi-Terrors zu bewahren und an nachfolgende Generationen weiterzugeben. Und zum anderen wollte ich dazu beitragen, dass Freiheit und Rechtsstaat zum Kraftquell einer demokratischen Staats- und Lebensform werden, auf dass sich kein menschenverachtender Unrechtsstaat wiederholen kann. Meine Bilanz besteht aus vielen kleinen, zumeist unvollkommenen Teilstücken, über die ich berichtet habe.

Es war ein oft mühevolles Tun und Lassen, so wie es der deutsche Philosoph Georg Christoph Lichtenberg vor rund zweihundert Jahren sinngemäß wie folgt beschrieben hat: »*Eine Republik zu bauen auf den Trümmern einer niedergerissenen Monarchie, ist eine schwere Aufgabe. Es gelingt nicht, bis dass jeder Stein neu behauen ist. Und das braucht Zeit …*« Auch wir mussten jeden Stein neu behauen – und dafür haben wir viel Zeit gebraucht.

Selbst heute noch entdecken wir immer mal wieder »unbehauene Steine« in Form unaufgearbeiteter Kapitel der NS-Zeit. Ein Beispiel dafür ist die schon genannte, 2010 von einer unabhängigen Historikerkommission herausgebrachte Veröffentlichung *Das Amt und die Vergangenheit* über das Ausmaß der Beteiligung des Auswärtigen Amts bei der Judenverfolgung in den besetzten Ländern. Zu den unbehauenen Steinen gehören auch die jüngsten Forschungsergebnisse über die Beteiligung kirchlicher Einrichtungen bei der Durchführung von Euthanasiemorden an behinderten Menschen. Solche späten Enthüllungen mahnen immer von Neuem, uns der Verbrechen gegen die Menschlichkeit zu erinnern. Besonders jetzt, wo in puncto Erinnern ein neuer Zeitabschnitt beginnt, in dem es keine Zeugen dieser Untaten und Gräuel mehr geben wird und die Vergangenheit damit nicht mehr gegenwärtig vermittelt werden kann, wie es zum Beispiel Eugen Kogon, Elie Wiesel oder Simon Wiesenthal vorbildlich gelungen ist. Künftige Generationen werden allein auf schriftliche Zeugnisse, Bilder und Texte angewiesen sein.

Es ist und bleibt eine Erblast, dass unsere Demokratie nicht aus einem Freiheitskampf entstanden ist, auf den alle Bürger stolz sind und der für alle verbindlich ist, sondern auf den Trümmern einer menschenverachtenden Diktatur und aus der Erfahrung totaler Unfreiheit und Beschämung. Darin habe ich immer den besonderen Auftrag für unser demokratisches Gemeinwesen gesehen. Den Auftrag des »Nie wieder!«, den ich als einen Dauerauftrag empfunden habe und dem ich mich verpflichtet fühle, solange ich lebe.

Dieser Auftrag hat auch die Jahre meines Vorruhestands geprägt und in Schwung gehalten. Zumeist, indem ich junge Menschen ermutigt habe, sich mit den Irrtümern und Verhängnissen der Geschichte ihrer Eltern und Großeltern auseinanderzusetzen. Ich bestärkte sie darin, daraus für die eigene künftige Verantwortung Konsequenzen zu ziehen und sich an der Gestaltung eines freiheitlichen und fairen Zusammenlebens von Jugend auf zu beteiligen.

In diesem Sinne habe ich 2010 den *Münchner Bürgerpreis gegen Vergessen – für Demokratie* gestiftet, der mit 50 000 Euro ausgestattet ist und einschlägige Projekte auszeichnen und ermutigen will.

Erfahrungen weitertragen

Zu meinen »Daueraufträgen« gehören auch weiterhin Ämter, manchmal Bürden, oftmals Würden, die mir im Laufe der Jahre zugewachsen und mit mir alt geworden sind: Meine langjährige

Mitgliedschaft im Goethe-Institut zählt dazu, mein Engagement für meine frühere Schule in Salem, die mich vor Nazi-Schikanen geschützt hat, mein Mitwirken als Jurymitglied im Ausländerbeirat für den alljährlich verliehenen Integrationspreis und bis vor kurzem die Mitarbeit im Kuratorium der Münchner Ludwig-Maximilians-Universität sowie eine Europäische Frauenakademie in Berlin. Weiterhin betätige ich mich im Beirat der *Weiße-Rose-Stiftung e. V.*, die durch Ausstellungen, Veranstaltungen und Begegnungen viel zur Entwicklung und Pflege einer Erinnerungskultur für künftige Generationen beiträgt. Das alles ist nichts Spektakuläres, aber mit diesen Dingen kann und will ich meine Erfahrungen noch ein wenig weitertragen.

Manchmal werde ich gebeten, Schüler und Studenten bei politischen oder historischen Facharbeiten zu beraten oder mich an demokratiepolitischen Diskussionskreisen zu beteiligen. Das hält mich geistig fit und bewahrt mich vor Altersbesserwisserei. Solche Begegnungen sind oftmals ergiebiger als die zwischen Eltern und Kindern. Man könnte sie mit anderen Zeitzeugen in Clubs oder Volkshochschulen weiterentwickeln. Das Bedürfnis der Jungen, zu erfahren, was es war, das zwei Generationen vor ihnen Deutsche geprägt, begeistert oder enttäuscht hat, ist gar nicht so selten – es wird nur zu selten aufgegriffen und befriedigt. Ich selbst möchte von ihnen wissen, wie sie sich ihre Zukunft vorstellen, mit all den welt- und europapolitischen sowie den weiteren technischen, noch unvorhersehbaren Entwicklungen, die ihre Freiheit und ihre demokratischen Lebensbedingungen verändern werden.

Zum Ausblick auf meine Lebensbilanz gehört natürlich auch die Familie: zwei prächtige, nun schon über fünfzigjährige Kinder, die einzige noch lebende Schwester, mit der ich immer noch kichern kann wie in Kindertagen, zwei Lebensfreude versprühende Enkel sowie Nichten und Neffen, für die alle ich nun endlich mehr Zeit habe. Gustav Heinemann, eines meiner einstigen Vorbilder, pflegte derart erfreuliche Umstände gern als »Freundlichkeit Gottes« zu bezeichnen, und genau so empfinde ich diesen Reichtum einer zwar klein gewordenen, aber frohen Familie.

Immer wieder staune ich, um wie viel besser es Kinder heute haben als wir zu unserer Jugendzeit, und zwar nicht nur materiell, sondern auch in der Zuwendung der Erwachsenen. Dennoch: Wohin führt die prompte Erfüllung (fast) aller Wünsche und das Verständnis für (fast) alle Ungehörigkeiten? Tun wir unseren Kindern und Enkeln Gutes, wenn das, was von ihnen ersehnt und gefordert wird, alsbald zur Stelle ist? Sind nicht auch Erfordernisse wie Geduld haben, Anstrengungsbereitschaft erproben oder Regeln zu akzeptieren, zumindest zu respektieren, ein hilfreiches Training für ein späteres erfülltes Erwachsenenleben? Ich denke, hier ist ein Mittelweg zu finden zwischen früheren autoritär-gestrengen Erziehungsprinzipien und den überaus freizügigen von heute. Elternhaus und Schule sollten dabei zusammenwirken.

Aus all diesen Gründen habe ich dieses Buch meinen Enkeln Lea-Katharina und Maximilian – stellvertretend für ihre Generation – gewidmet. Vielleicht interessieren sie sich eines Tages für Geschichte und Politik sowie für die ziemlich turbulente Lebenszeit ihrer Großeltern. Sie können daraus lernen und dazu beitragen, dass Unfreiheit sich nicht wiederholt. Denn das erweist sich als die eigentliche Stärke einer gefestigten Demokratie: die Lernbereitschaft und Lernfähigkeit ihrer Bürger. Und in unserem besonderen Fall zudem so etwas wie ein kollektives Geschichtsgedächtnis nicht nur für gute, sondern auch für weniger gute Zeiten. Wenn all das bislang nicht vollkommen realisiert ist, so gibt es dennoch Fortschritte.

Das ist meine wichtigste Erfahrung mit unserer nun über fünfundsechzigjährigen Demokratie: Dass Freiheit, wenn von ihr verantwortlich Gebrauch gemacht wird, nicht nur den Einzelnen, sondern auch ein Volk lernfähig macht. Und das war es, worauf es mir vor allem ankam und worauf es auch in Zukunft ankommen wird.

Ausgewählte Texte aus sechs Jahrzehnten

Wahlkampf 1948
Ansprache im Bayerischen Rundfunk am 18. Mai 1948

Liebe Hörerinnen und Hörer,
uns ABC-Schützen der Demokratie wird es nicht besser gehen
als früher in der Schule: Erst wird das kleine Einmaleins wirklich
sitzen müssen, bevor wir das »große« mit Erfolg üben können,
und wenn wir in diesen Wochen unsere kommunale Selbstverwaltung für vier Jahre neu wählen, dann werden wir beweisen
können, welche Fortschritte wir im »Kleinen« gemacht haben.

Für die Wertung dieses Fortschrittes gibt es keine »mildern-
den Umstände«. Wenn das oft gehörte Bedenken – eine Demokratie könne unter einer Besatzungsmacht nicht selbstständig
werden –, vielleicht auch bisweilen zutrifft, als Begründung für
das Nichtfunktionieren der kommunalen Selbstverwaltung ist es,
gelinde gesagt, eine faule Ausrede. Bei einigermaßen vernünftiger
Verwaltung gibt es dort keinen Bereich, in dem ein Eingriff oder
ein Veto der Besatzungsmacht zu befürchten wäre. Hier können
organische demokratische Lebensformen so ungestört wachsen
und eingeübt werden, dass sich später die heute noch überwach-
ten größeren Funktionen spielend mit einbeziehen lassen.

Jede – und sei es nur die kleinste – Besserung oder Erleichterung in unseren alltäglich-unerträglichen Lebensverhältnissen
wird sich im Großen bezahlt machen, denn auch im kleinen
Einmaleins der Demokratie macht Übung, und abermals nur
Übung macht Meister, und praktische mehr als theoretische.

Vielleicht wird es Sie, liebe Hörerinnen und Hörer, die Sie

zufällig oder regelmäßig zu dieser Stunde am Radio sitzen, ein wenig verwundern, dass ich mir – falls ich gewählt werde – für diese, mir so entscheidend dünkende Arbeit im Stadtrat kein festes Programm aufgestellt, ja nicht einmal vorgenommen habe. Es sind nur einige prinzipielle Grundsätze, die meine kommunale Arbeit bestimmen würden; Grundsätze, die nicht das Wohl und Wehe einer Partei, sondern das des Menschen zum Inhalt haben. In erster Linie geht es nicht um die Zahl der Mandate, um eine erfolgreiche Parteitaktik oder um Stimmenfang. Es wird bei einer liberalen Kommunalpolitik vor allem um die Entlastung und Ermutigung des geplagten Bürgers gehen; gleichermaßen geplagt von staatlicher, städtischer und sonstiger Verwaltungsbürokratie, wie auch von den Folgen engstirniger und engherziger Kirchturmpolitik, von Umstandskrämerei, von anonymen Schikanen und unfreundlicher Vernachlässigung oder gar Missachtung des Individuums.

Für unsere Vertreter im Münchner Stadtrat würde es auch ein Hauptanliegen sein, dass diese Stadt ihr Scherflein dazu beiträgt, wieder zu dem kulturellen Mittelpunkt zu werden, der ihr ihrer Tradition und Anlage nach zusteht. Dazu gehört zweifellos, dass die Münchener Universität wieder zur ersten und besten Deutschlands aufrückt. Bedenken Sie doch bitte, welche Bedeutung die Hochschulen für den Wohlstand und das Ansehen der bayerischen Hauptstadt hatten! Um diese Ziele, die sich alle stecken, denen eine wirkliche Renaissance Münchens am Herzen liegt, um dieses Ziel zu erreichen, muss der endlosen Bürokratie ein Ende gemacht werden. Wir müssen sie bei der Wurzel packen. Es darf nicht mehr vorkommen, dass auch nur ein einziger auf einen Lehrstuhl berufener Wissenschaftler dem Ruf nach München nicht Folge leisten kann, weil ihm die Stadt Zuzug und Wohnung versagt. Bürokratische Verordnungen sollen von Menschen *gehandhabt* und nicht maschinell verwirklicht werden! Es müssen Ausnahmen gemacht werden, und zwar vor allem in all den Fällen, bei denen es sich um die Erhaltung und Mehrung lebendiger, geistiger oder materieller Werte handelt.

Ich nannte als einen weiteren Leitfaden für meine kommunale Arbeit das Angehen gegen jede Umstandskrämerei. Das bedeutet ganz generell: praktisch sein – vereinfachen, und daraus ergeben sich weitere ungeahnte Möglichkeiten zur Entschärfung unserer Bürokratie. Hier liegt die große Chance für die politisch interessierte und die praktisch erfahrene Frau.

Die Fürsorge für unsere Alten und Kranken zum Beispiel und für unsere Heimatlosen und verelendeten jungen Menschen, die man immer noch und immer wieder dadurch zu bessern sucht, dass man sie, einmal beim Schwarzhandel ertappt, tage-, wochen- oder gar monatelang mit »schweren Brüdern« in eine Zelle sperrt.

Auch die Pflege, der Aufbau und die Verbesserung unserer Schulen und Kindergärten würde mir ein Hauptanliegen sein. Für den Schmutz und die unhygienischen Verhältnisse in unseren Schulen gibt es keine Entschuldigung. Die erfolgreiche Initiative des deutsch-amerikanischen Frauenclubs, der sich um rasche Abhilfe bemühte, beweist es zur Genüge. Ich möchte so weit gehen zu sagen, dass alle städtischen Büros und Ämter nicht eher mit Besen, Eimern und Putzlumpen versorgt werden dürften, als bis nicht die letzte Schule mit diesen Utensilien ausgestattet ist.

Ein fruchtbares Beginnen wäre es vielleicht auch, die oft sehr kostbaren Einrichtungen, die von der amerikanischen Armee dem deutschen Jugendprogramm zur Verfügung gestellt wurden, auch wirklich nutzbar zu machen. In beinahe allen Club-Häusern in Stadt und Land gibt es reichhaltige Bibliotheken, tadelloses Bastel- und Handwerkszeug, Sportgeräte; nur fehlt es oft an verständiger und liebevoller Anleitung und Überwachung.

Dann müsste versucht werden – soweit es innerhalb der städtischen Kompetenzen überhaupt möglich ist –, vor allem jungen Frauen und Müttern zu dem Allernotwendigsten, was ihnen auf Grund ihrer Bezugsscheine zusteht, zu verhelfen. Weiter wird es notwendig sein, bei allen theoretischen Erörterungen und Planungen praktische Notwendigkeiten geltend zu machen – zum Beispiel beim Wohnungsbau. Wirkliche Verarmung wird nach einer Währungsreform zunächst unser aller Schicksal sein. Nur bei allergrößter Sparsamkeit und rationellster Ausnützung auch der kleinsten Möglichkeit werden wir jedem Bürger und seiner Familie das in der Verfassung garantierte »Recht auf Wohnung« verwirklichen können.

Es wird auf jeden Fall gebaut werden müssen. Könnte man nicht von vornherein auch unsere Studenten berücksichtigen, deren Zahl in München über 18 000 hinausgewachsen ist?

Eine zweite Kategorie, die bei künftigen Bauplanungen nicht vergessen werden darf, ist die der alleinstehenden berufstätigen Frau. Die Folgen des Krieges haben ihre Zahl größer gemacht. Es darf nicht das Los dieser tüchtigen und selbstständigen Menschen sein, dass sie nun ihr ganzes Leben als »möblierte Untermieter« fristen müssen.

Die Gemeinde ist nichts anderes als eine sehr große Familie. Hier wie dort tauchen täglich neue Fragen und Probleme auf, die gleichermaßen mit dem Verstand wie mit dem Herzen gelöst werden müssen. Wie in der Familie Aufbau und Fortschritt nur durch gemeinsame Anstrengungen und gegenseitiges Vertrauen zustande kommen, so auch in der Gemeinde, deren Vertretung Sie durch wohlüberlegte und bedachte Stimmenabgabe jetzt entscheiden können.

Die Partei oder die Persönlichkeit, denen Sie Ihr Vertrauen schenken, werden es zu rechtfertigen haben. Vertrauen ist gegenseitig und muss wachsen, und so erschiene es mir wichtig, dass Gemeinderatssitzungen in Zukunft häufiger als bisher öffentlich abgehalten werden und dass dann allerdings von dem Recht der Teilnahme auch fleißiger Gebrauch gemacht wird.

Es gibt keinen Grund, zu verzagen oder klein beizugeben. Im Laufe der nächsten Monate werden wir auch mit dem Bau des Hauses eines demokratischen Staates beginnen können. Lassen Sie uns die Zeit nützen und die Fundamente zu diesem Bau stärken. An Wunder dürfen wir allerdings nicht glauben – wohl aber an unsere Kraft und an die Fähigkeiten, mit denen wir begabt wurden!

Über den Mut zur kleinen Utopie
Auszüge aus der Festrede zur Eröffnung des Hessentages
in Gießen am 27. Juni 1969

Das ist also unsere Generation – die der Vierzigjährigen und
älter –, aufgewachsen in permanent autoritären Abhängigkeiten,
eingebunden in überkommene, kaum je in Frage gestellte Traditionen und Ordnungen, leidgeprüft, aber dennoch, um Alexander Mitscherlich zu zitieren, unfähig zu trauern. – Für uns ist
und bleibt Demokratie eine Staatsform, mit der wir uns während
der letzten zwanzig Jahre zwar arrangiert haben, weil sie uns
Wohlstand, Sicherheit und alle Annehmlichkeiten der Freiheit
gebracht hat, ohne indes unser politisches Denken, Handeln und
Verhalten (wiederum trotz mancher mutiger Ansätze) recht entscheidend zu verändern.

»Auswählen können und nachbestellen – das verstehen sie
unter Demokratie«, so urteilt der Primaner Philipp Scherbaum
in dem interessanten neuen Lesestück von Günter Grass »Davor« über diese unsere Generation, und seine Freundin Vero, die
»ihren Mao liest wie unsere Mütter Rilke«, ergänzt an anderer
Stelle mit aggressiver Verachtung: »Sie wollen die Welt bestenfalls noch interpretieren, ändern, das schaffen sie nicht!«

Unverblümter und unmissverständlicher lässt sich der harte
Kern des Generationenkonfliktes mit den Dreißigjährigen und
Jüngeren nicht beschreiben: sie *wollen* die Welt verändern, und
unsere apologetische Wenn- und Aber-Interpretation ist ihnen
unbegreiflich – ja zuwider. Sie wollen weder von unseren Irrtümern noch von unseren Erfahrungen und Einsichten etwas
wissen, weil sie unser mangelhaftes politisches Engagement be-
merken und unsere obrigkeitsstaatlichen Attitüden nicht nach-
vollziehen wollen. Deshalb distanzieren und emanzipieren sie
sich in einem Atemzug von unseren Vorstellungen von Demokratie – kann man es ihnen verdenken?

So ungerecht und schmerzlich es im Einzelnen für uns sein

mag: Diese Generation schreibt uns nicht gut, was wir für ihr materielles Wohlergehen getan haben, sie misst uns nicht an dem, was wir seit 1945 geschafft und aufgebaut haben (und wir wissen, dass es nicht wenig ist!), sondern an dem, was wir *nicht* – oder doch nur in Ansätzen – geschafft haben: eine gesellschaftspolitische Interpretation und Realisierung der demokratischen Staatsform, durch Chancengleichheit in allen Bereichen des sozialen, wirtschaftlichen und gesellschaftlichen Lebens, durch ein modernes und fortschrittliches Schul- und Hochschulsystem, durch Reformen in Justiz, Parlamenten und Verwaltungen, durch den Abbau obrigkeitsstaatlicher Strukturen und – wie es Prof. W. Hennis formulierte – durch eine »neue Leidenschaft des Kopfes« für die Probleme der durch Selbstzerstörung zutiefst bedrohten Welt.

Ja, das sind tatsächlich Versäumnisse – *unsere* Versäumnisse; und kein Protest, und sei er noch so ungesetzlich und unerträglich, entlässt uns aus unserer Verantwortung dafür! Diese selbstkritische und nüchterne Position wird uns abverlangt. Aber es wird uns zusehends schwerer gemacht, diese Position zu halten und zu festigen, wenn die Grundgebote unserer freiheitlichen Ordnung mit Füßen getreten, mit Farbeiern beworfen, mit Buttersäure verpestet, durch Psychoterror pervertiert, durch Manipulation und repressive Intoleranz außer Kraft gesetzt werden.

Jürgen Habermas belegt in seiner wichtigen Dokumentation »Protestbewegung und Hochschulreform« Schritt für Schritt den Weg der Wortführer der außerparlamentarischen Opposition in eine anti-demokratische Opposition; er weist die Entwicklung einer ursprünglich unter dem Gesetz der Rationalität und nach den »Prinzipien aufgeklärten Handelns« angetretenen Protestbewegung zu einem wilden Aktionismus und »begrenzten Vandalismus« nach und illustriert damit am Rande das Schicksal der Väter der Protestbewegung, die heute zu Todfeinden und Konterrevolutionären verdammt sind.

In den Methoden dieser »aktionistischen Irrläufer«, da fällt der rote Apfel allerdings nicht weit vom braunen Stamm der

Väter: der gleiche Totalitätsanspruch und die gleiche totale politische Dämonisierung des menschlichen Daseins von der Zeu-
gung bis zur Bahre, vom Sex über die zweite Lautverschiebung
bis zur Schwarzwälder Kirschtorte: die gleiche schonungslose
Intoleranz gegen politisch Andersdenkende, der gleiche ideolo-
gisch aufgeheizte Fanatismus, diesmal nicht nationalsozialistischer, sondern internationalsozialistischer Ausprägung – und
diese Formulierung ist spätestens seit der widerwärtigen Po-
gromstimmung gegen Israel, wie sie nicht erst anlässlich des
Besuches des Botschafters Asher Ben Natan in Hamburg und
Frankfurt geschürt wird, mehr als ein makabres Wortspiel. Denn
immer dann, wenn nicht mehr mit Argumenten, sondern mit
Gebrüll, Gestank und Fäusten gekämpft wird, muss sich bei uns
die höchst fatale Parallele zum Faschismus aller totalitären
Schattierungen einstellen.

An dieser Stelle sind meines Erachtens Verständnis und Toleranz für derartige Praktiken studentischer Opposition mit einem Schlag zu Ende, und wenn über unsere Abscheu gegen solcherlei »Zeitvertreib« in dem bereits erwähnten Stück von
Günter Grass vom jugendlichen Anti-Helden einmal behauptet
wird, wir – die Älteren – seien auf die junge Generation ja nur
neidisch, weil sie »so links und so lustig« sein dürfe, dann möchte
man wünschen, es wäre so, denn wirklich »links« sein, das würde
ja echtes, ausdauerndes und handlungsbereites Engagement gegen Hunger, Unterdrückung, Unrecht und Krankheit in der Welt
bedeuten, aber davon ist schon längst nicht mehr – oder bestenfalls noch ganz am Rande – die Rede, und auch unter »lustig«
möchte man sich gerne etwas Lustigeres vorstellen können als
Farbeier aus dem Hinterhalt, Striptease im Hörsaal, Notdurft im
Gerichtssaal und Pornographie an den Wänden. Ich frage mich
oft, weshalb eigentlich all diese Manifestationen verspäteter Pu-
bertät eine so ungeheure Publizität erfahren.

Zur Erkenntnis der Situation

Wie beunruhigend schlimm und kläglich das alles auch sein mag, für eine objektive Beurteilung dürfen drei Fakten nicht außer Acht gelassen werden:

1. Es ist noch gar nicht lange her, dass wir das höchst mangelhafte politische Interesse der jungen Generation lautstark beklagt haben, und schon aus diesem Grunde können wir das erwachte Interesse nicht verdammen, weil es anders ausgefallen ist, als wir uns das gewünscht hatten. Wenn wir nichts Besseres wissen, als »Ruhe und Ordnung« wiederherzustellen, könnte die Demokratie mindestens ebenso gefährdet werden wie durch die derzeitige »Unruhe und Unordnung«, die zu unser aller Sorge überwiegend der Stärkung der sich formierenden Rechten zugutekommt.

2. Die Protestbewegung hat ohne Zweifel einen Durchlüftungseffekt im inneren Gefüge unserer Gesellschaft erzielt, der notwendig und fällig war. Nicht nur unter den Talaren ist da allerhand Muff zum Vorschein gekommen, auch unsere Chance ist größer geworden, die Positionen demokratischer Gesellschaftspolitik sehr viel gründlicher, vernünftiger und rückhaltloser zu klären, als es uns in der Zeit gesellschaftspolitischer Flaute abverlangt wurde. (…)

3. In den ersten beiden Nachkriegsjahrzehnten ist offenbar geworden, dass auch eine rechtsstaatlich gefestigte demokratische Ordnung nicht lebensfähig ist, wenn sie in den gesellschaftlichen Bereichen an chronischer Kreislaufschwäche leidet. Dafür hat es in der Ära des »keine Experimente« exemplarische Beispiele gegeben, und damals schon erhoben sich warnende, mahnende und kritische Stimmen über die Gefahren des demokratischen Immobilismus in unserem Land. Sie waren die Vorläufer der Protestbewegung. Hier seien nur die Schriften des Philosophen Karl Jaspers, des Pädagogen Hartmut von Hentig, des marxistischen Soziologen Jürgen Habermas, des liberalen Soziologen Ralf Dahrendorf und des konservativen Publizisten Hans Heigert genannt.

Voraussetzungen für ein neues Demokratieverständnis

Hier allerdings – an dieser entscheidenden Stelle – setzt unser Demokratieverständnis immer noch aus bzw. gar nicht erst ein, und zwar infolge eines grundlegenden, die Funktionsfähigkeit und Glaubwürdigkeit der Demokratie gefährdenden Missverständnisses:

Wir haben nämlich auf die beiden großen politischen und militärischen Schiffbrüche dieses Jahrhunderts zwar mit idealtypischen demokratischen Musterverfassungen reagiert, diesen aber eine »Harmonielehre« hinzugesellt, die einer Art Gesellschaftsphilosophie obrigkeitsstaatlichen Denkens und Verhaltens gleichkommt. Auf diese Weise haben wir – gewollt oder nicht – den gesellschaftspolitischen Vollzug der Verfassung der Freiheit zwei Jahrzehnte lang eingeschränkt, teilweise sogar verhindert. Außerdem sind als Folge dieser Harmonielehre gerade bei jungen Menschen einerseits Illusionen über den möglichen Grad der Vollkommenheit einer Demokratie entstanden und andererseits bittere Enttäuschung über ihre Wirklichkeit.

Bitte verzeihen Sie, dass ich insistiere! Eben weil wir uns dieser Zusammenhänge immer noch nicht ausreichend bewusst sind, bedarf es einer provozierenden Diagnose: Solange wir nicht akzeptieren wollen, dass eine Demokratie nicht nur Konflikte ertragen und austragen muss, sondern dass sie durch Spannungen und Konflikte überhaupt erst lebens- und widerstandsfähig wird, so lange besteht die Gefahr, dass sie an eben diesen Konflikten zerbricht.

Ich weiß, es ist leicht gesagt, dass auch wir alle Anstrengungen unternehmen müssen, den Protest durch demokratische Initiative quasi zu legalisieren« bevor er sich radikalisiert oder gar revolutioniert, aber es ist schwer getan! Denn der Stau des Unbehagens an dem Demokratisierungsrückstand in unserer Gesellschaft ist mittlerweile viel zu groß und stark geworden, als dass er ohne Explosionsgefahr abgebaut werden könnte.

Nun soll plötzlich alles auf einmal geschehen – und wir wissen sehr wohl, dass dies nicht zu schaffen ist.

Wenn wir eine Staats- und Gesellschaftsform wünschen – und wir wünschen sie! –, die freiheitlich, offen, anti-autoritär und emanzipatorisch sein soll, dann müssen wir konsequenterweise aufgeben, Demokratie zu einem in sich stimmigen Ideal zu stilisieren. Denn wer Selbstbestimmung für sich fordert, muss sie auch anderen zugestehen – wer Repression anklagt, darf selber keine ausüben – wer Freiheit für sich beansprucht, muss die der anderen verteidigen – wer Manipulation verurteilt, darf sich ihrer nicht schuldig machen.

Genau an dieser Stelle lässt sich zeigen, welch ein kompliziertes Wagnis Demokratie und Erziehung zu ihr in Wirklichkeit sind: Denn demokratische Erziehung muß zu der Einsicht führen, daß die Sehnsucht nach Freiheit, Selbstbestimmung und Gerechtigkeit niemals absolut, sondern bestenfalls relativ erfüllt werden kann. Erst wenn wir diese Gesetzmäßigkeit wirklich absorbiert haben, können sich grundlegende Bewusstseins- und Verhaltensänderungen von selbst verstehen. Eine freiheitliche Demokratie ist dann weder die beste aller Staatsformen (wie uns viele Schulbücher und Sonntagsreden glauben machen) noch die schlechteste aller Staatsformen (wie das APO-Ideologen ihre Anhänger glauben machen möchten), Demokratie ist vielmehr die einzige Staatsform, die die Chance bietet zur evolutionären Veränderung und Erneuerung und zu den Formen der Selbstverwirklichung, die heute mit den Begriffen Autonomie oder Emanzipation belegt werden.

Um diesen Zeiten näher zu kommen, müssen wir jedoch zuallererst und immer wieder die Unvollkommenheit der Demokratie bewusst machen und Demokratie als eine Möglichkeit begreifen, für die zu engagieren es sich immer wieder lohnt!

Ein solches realistisches Demokratieverständnis lässt sich dann weder als Harmonielehre noch als Revolutionstheorie predigen. Es lässt sich überhaupt nicht predigen, sondern nur einsichtig machen und praktizieren. (…)

Wenn man sich einmal mit der Geschichte und dem Schicksal von Reformen und Reformern in Deutschland beschäftigt, dann fällt zweierlei auf. Erstens: Reformen kamen bei uns immer nur unter dem Druck unglücklicher Umstände zustande – niemals aber aus der eigenen Kraft rechtzeitiger Initiative und Einsicht, und zweitens: Reformer werden immer erst dann und posthum mit einer Gloriole des Heroischen verehrt, wenn die nächste Reform eigentlich schon recht fällig wäre. (...)

Deshalb, meine ich, sollten wir unsere Bilderbuchvorstellungen von Reformen gründlich entzaubern und uns auch nicht in Utopien für übermorgen flüchten, mit denen uns Zukunftsforscher das Staunen und Fürchten lehren: Denken wir über Reformen für heute und morgen so nüchtern und konkret wie über unaufgeräumte Schubläden; entschließen wir uns zu kleinen, zu kleinsten Utopien!

Ich wäre versucht, zu formulieren, dass der Weg in die Zukunft mit dem Mut zu kleinen Utopien gepflastert ist. (...)

So gesehen, sehr geehrte Damen und Herren, liebe hessische Mitbürger, haben wir also weder Anlass noch Zeit, uns auf den Lorbeeren unserer Erfolge und Fortschritte auszuruhen: Bewährung ist immer etwas, das noch vor uns liegt.

Getreu dieser Devise ist dieses kleine, schöne, mutige und fortschrittliche Land dank seiner Bürger, seiner Regierung und seines von uns allen geliebten und geschätzten Landesvaters (den eben dieser Mut zur kleinen Utopie vor allem anderen auszeichnet!) gediehen, reicher geworden und (auch für Landesfremde) anziehender. Ich bin dankbar und auch ein wenig stolz, mich zu den »Angezogenen« und nun auch Einbezogenen zählen zu dürfen.

In dieser Devise steckt aber nicht nur das Lob auf die Vergangenheit, sondern auch eine höchst unbequeme, weil unmissverständliche Herausforderung für heute und alle Tage. Deshalb wiederhole ich sie: Bewährung ist etwas, das immer erst vor uns liegt!

»Ein klares Nein« –
Hildegard Hamm-Brüchers Widerspruch gegen das Konstruktive Misstrauensvotum zur Amtsenthebung von Bundeskanzler Helmut Schmidt

Auszug aus der Debatte des Deutschen Bundestages vom 1. Oktober 1982

Frau Dr. Hamm-Brücher (FDP): Herr Präsident! Meine sehr geehrten Kolleginnen und Kollegen! Es sind drei Gründe, die mich zu einer Wortmeldung neben Gerhart Baum veranlasst haben, mit der ich ausdrücken möchte, was mich zu meinem Abstimmungsverhalten bestimmt hat.

Zum einem, meine sehr geehrten Kolleginnen und Kollegen, möchte ich öffentlich machen, dass es sich beim Dissens innerhalb meiner Fraktion nicht um eine Kontroverse zwischen dem sogenannten rechten und dem linken Flügel meiner Partei handelt, sondern um eine sehr grundsätzliche Auseinandersetzung, die über inner- und zwischenparteiliche Kontroversen hinausgeht und – Sie haben es ja alle gespürt – in *Grundfragen unseres Demokratie- und Parlamentsverständnisses* hineinführt. Es geht um die Grundfrage, ob die Abgeordneten einer Fraktion – insoweit sind nur wir betroffen –, die mit einer klaren *Aussage für eine Koalition* und gegen eine andere ein hohes Wahlergebnis erzielt haben, nach zwei Jahren entgegen diesem Versprechen einen Machtwechsel ohne vorheriges Wählervotum herbeiführen dürfen.

Für mich persönlich muss ich diese Frage nach langer und schwerer Gewissensprüfung mit einem klaren Nein beantworten.

(Beifall bei Abgeordneten der FDP und bei der SPD)

Ich habe dies – auch meine Kolleginnen und Kollegen von der CDU/CSU wissen das – von allem Anfang an so gesehen und auch in meiner Fraktion vertreten.

So betrachtet, ist ein Regierungswechsel für uns, die Liberalen, eben doch keine natürliche Sache. Daher greift auch der

Vergleich mit dem Jahr 1966 nicht. Denn damals lag ja keine Koalitionsaussage der betroffenen Parteien vor.

(Beifall bei Abgeordneten der FDP und bei der SPD –
Widerspruch bei der CDU/CSU)

So gesehen, ist der Regierungswechsel für uns, die Liberalen, ein schmerzhafter Gewissenskonflikt. Partei- und Fraktionssolidarität, die Loyalität zu dem Vorsitzenden, für mich persönlich vielleicht auch der freiwillige Verzicht auf ein sehr schönes und sehr wichtiges Amt, dies alles steht versus persönliche und politische Verantwortung, Zuverlässigkeit, Glaubwürdigkeit.

(Beifall bei Abgeordneten der FDP und bei der SPD)

Ich bedaure zutiefst, dass der politische Liberalismus, dem ich wie Wolfgang Mischnick seit fast 35 Jahren mit Kopf und Herz verbunden bin, über diesen Konflikt in eine so schwere Existenzkrise geraten ist, und ich werde alles in meinen Kräften Stehende versuchen, dass wir diese Krise überstehen. Auch deshalb stehe ich heute hier.

Aber nicht nur das. Der Vorgang, den heute jeder Bürger vor dem Fernsehschirm miterleben kann, ist mehr als nur ein liberaler Familienkrach für oder gegen einen Machtwechsel.

Er betrifft das *Ansehen unseres Parlaments,* der parlamentarischen Demokratie überhaupt. Hier liegt, verehrte Kollegen, der zweite Grund für meine persönliche Wortmeldung. Wir alle beklagen ja gemeinsam den Vertrauensschwund, vor allem bei der jungen Generation, und wir alle denken darüber nach, wie wir das ändern können, und wir alle haben die Pflicht, daraus dann auch Konsequenzen zu ziehen. Ich glaube, wir dürfen nicht die Augen davor verschließen, wie wenig gefestigt unsere Demokratie immer noch ist und wie wenig überzeugend es für unsere Bürger ist, wenn in unserem Parlament immer nur vorgestanzte Partei- und Fraktionsmeinungen vom Blatt gelesen werden.

(Beifall bei Abgeordneten der FDP und bei der SPD)

Deshalb sollten wir alle – und ich möchte hier einmal sagen: liebe Freunde – *der persönlichen Meinung und Verantwortung des gewählten Abgeordneten* wieder mehr Gewicht beimessen und sie zu Gehör bringen. Deshalb sollten wir auch in so heiklen Augenblicken wie diesem offener und spontaner miteinander diskutieren und um die bestmöglichen Lösungen ringen.

(Beifall bei Abgeordneten der FDP und bei der SPD)

Aus diesem Grunde möchte ich stellvertretend für viele Freunde und Mitbürger erklären, dass nach meiner Überzeugung der Weg über das Misstrauensvotum zwar neue Mehrheiten, aber kein neues Vertrauen in diese Mehrheiten schafft.

(Beifall bei Abgeordneten der FDP und bei der SPD)

Dies wird sich, so fürchte ich, umso abträglicher auswirken, als das, wie sich herausstellt, ungeprüft gegebene Wahlversprechen für den Monat März nächsten Jahres offenbar nicht eingehalten werden kann.

Der dritte Grund für meine Wortmeldung ist ein offener Protest gegen das, was man da von mir verlangt. Ich würde es übrigens im umgekehrten Verhalten, Herr Kollege Kohl, nicht anders halten. Ganz gewiss sind Koalitionen für mich kein Dogma und ganz sicher auch nicht die Koalition zwischen Sozial- und Freien Demokraten, die während 13 Jahren der Zusammenarbeit unbestritten heute auch Verschleißerscheinungen und Defizite aufweist. Die Diskussion hat das ja offenkundig gemacht:

Dennoch, Kolleginnen und Kollegen, vermag ich dem Kanzler dieser Koalitionsregierung nicht das *Misstrauen* auszusprechen, nachdem ich ihm doch erst vor ganz wenigen Monaten das *Vertrauen* ausgesprochen habe.

(Lebhafter Beifall bei Abgeordneten der FDP und bei der SPD)

Auch kann ich doch nicht ihm allein das Misstrauen für seine Regierungstätigkeit aussprechen und unsere eigenen vier Minister, ja mich selber dabei aussparen.

(Beifall bei Abgeordneten der FDP und bei der SPD)

Ich kann dem Bundeskanzler nicht mein Misstrauen aussprechen, nachdem ich noch bis vor zwei Wochen mit ihm und seinen Ministern, mit meinen Kollegen uneingeschränkt, loyal und
vertrauensvoll zusammengearbeitet habe,

(Beifall bei Abgeordneten der FDP und bei der SPD)

wofür ich mich bei ihm in diesem Augenblick noch einmal persönlich sehr herzlich bedanken möchte.

(Beifall bei Abgeordneten der FDP und bei der SPD)

Ich möchte Sie – damit möchte ich schließen – um Verständnis
für diese Position, vielleicht sogar um Verzeihung bitten. Vielleicht ist das eine typisch weibliche Reaktion. Davon war ja in
den letzten Tagen hier auch viel die Rede. Ganz gewiss verstehe
ich sie persönlich als eine christliche Reaktion.

Ich finde, dass beide dies nicht verdient haben, Helmut
Schmidt, ohne Wählervotum gestürzt zu werden, und Sie, Helmut Kohl, ohne Wählervotum zur Kanzlerschaft zu gelangen.

(Beifall bei Abgeordneten der FDP und bei der SPD)

Zweifellos sind die beiden sich bedingenden Vorgänge verfas-
sungskonform. Aber sie haben nach meinem Empfinden doch
das *Odium des verletzten demokratischen Anstands.*

(Zustimmung bei Abgeordneten der FDP und bei der SPD)

Sie beschädigen – und das entnehme ich so vielen Zuschriften
sehr ernsthafter Menschen in diesem Jahr – quasi – –

*(Dr. Jenninger [CDU/CSU]: Wir haben doch auch Wähler,
gnädige Frau!)*

– Für Sie, Herr Kollege Jenninger, mag das auch gar nicht so
relevant sein, wie das für uns in unserer Gewissensentscheidung
ist.

(Beifall bei Abgeordneten der FDP und bei der SPD)

Diese beiden Vorgänge haben nach meinem Empfinden also das Odium des verletzten demokratischen Anstands. Sie beschädigen quasi die moralisch-sittliche Integrität von Machtwechseln.

(Beifall bei Abgeordneten der FDP und bei der SPD –
Dr. Kohl [CDU/CSU]: Das ist ein Skandal!)

– Ich sehe das so, es tut mir leid. Sie sehen das anders und haben es auch gesagt. Ich meine, dass darauf kein Segen liegen kann.

(Dr. Kohl [CDU/CSU]: Es ist skandalös, dass Sie die
Verfassung als unmoralisch bezeichnen!)

Mit beidem sollten wir sehr behutsam umgehen, meine Damen und Herren, angesichts unserer immer noch schwach entwickelten politischen Kultur.

Vor gerade zwei Jahren hat der Wähler eindeutig zugunsten der sozialliberalen Koalition entschieden. Deshalb müssen wir ihn fragen, bevor wir dies ändern.

(Beifall bei Abgeordneten der FDP – Lebhafter Beifall
bei der SPD)

Haben wir aus den Irrtümern unserer Geschichte gelernt?
Auszüge aus der Danksagung anlässlich der Verleihung der Ehrendoktorwürde der Friedrich Schiller Universität Jena am 14. Juni 2005

Ich empfinde es als eine freundliche Fügung, dass meine Ehrenpromotion justament in den Tagen der 200. Wiederkehr des Todestages Friedrich Schillers stattfindet und uns in Jena damit auch an jene Antrittsvorlesung vom 26. Mai 1789 (wenige Wochen vor Beginn der Französischen Revolution) erinnert, die den verheißungsvollen Titel trägt: *Was heißt und zu welchem Ende studiert man Universalgeschichte?*

Es wäre freilich vermessen, wenn ich mich als Schiller-Interpretin gerieren wollte. Dennoch ist es nicht vermessen, vielleicht sogar angemessen, auf zwei Anknüpfungspunkte hinzuweisen, die auch heute aktuell und bedenkenswert sind:

Einmal ist es das mitreißende Pathos, mit dem der junge Historiker Friedrich Schiller (als erklärter Protagonist der Aufklärung) seine Hörer zum aufgeklärten und dogmenfreien Denken auffordert. Ich zitiere:

Fruchtbar und weit umfassend ist das Gebiet der Geschichte; in ihrem Kreise liegt die ganze moralische Welt ... Es ist keiner unter Ihnen, dem Geschichte nicht etwas wichtiges zu sagen hätte; alle noch so verschiedenen Bahnen Ihrer künftigen Bestimmung, verknüpfen sich irgendwo mit derselben. Eine Bestimmung aber teilen Sie alle ... miteinander ... sich als Menschen auszubilden ... und zu den Menschen eben redet die Geschichte.

Schillers Bekenntnis und leidenschaftlicher Appell zu aufgeklärtem geschichtspolitischen Denken ist, wie wir wissen, vor allem in Deutschland nur sehr allmählich und wechselvoll im konkreten politischen Handeln richtungsweisend und wirksam geworden. Allein deshalb ist es erinnernswert.

Zum anderen sind auch die pädagogischen Intentionen Schillers höchst aktuell, mit denen er seine Hörer geradezu beschwört, sich Kenntnisse der »Universalgeschichte« für ihr bürgerliches, für ihr bürgerschaftliches Selbstverständnis anzueignen. Nochmals Schiller:

Aus der Geschichte erst werden Sie lernen, einen Wert auf die Güter zu legen, denen Gewohnheit und unangefochtener Besitz so gern unsere Dankbarkeit rauben. Wie verschieden auch die Bestimmung sei, die Sie in der bürgerlichen Gesellschaft erwartet – etwas zusteuern können Sie alle!

Schiller betont also die Bedeutung der Kenntnis von Geschichte als Quelle für das Verständnis der politischen Gegenwart, und er warnt vor Geschichtsvergessenheit. Auch das gilt – wie ich meine – bis heute und ist im Hinblick auf unser zeitgeschichtliches Identitätsdefizit aktuell!

Da ist z.B. die alltägliche Versuchung der Politiker, im Fernsehen, um der Publizität willen, schnellstmöglich punkten zu wollen, was nicht nur zur Verkürzung und Vereinfachung komplexer Probleme führt, sondern auch dazu, dass es uns immer weniger gelingt, unser demokratisches Selbstverständnis mit geschichtlichen Erfahrungen und verbindlichen Einsichten zu festigen und damit eine reife und angemessene Ausbildung nationaler Identitäten zu ermöglichen.

Nun, da dieses Manko offenkundig geworden ist, soll Abhilfe in Form eines Allround-»Patriotismus von oben« geschaffen werden. In einer freien Gesellschaft lassen sich jedoch weder Patriotismus noch Leitkulturen und Identitäten verordnen, und schon gar nicht, wenn sie nichts anderes sind als parteipolitisch aufgezäumte »Remakes« alter Denkmuster! Stattdessen müssen wir neue Identitäten aus demokratischen Wurzeln und aus den seit 1945 gewachsenen Gemeinsamkeiten und Erfahrungen neu begründen! Albert Einstein – ein anderer großer Jubilar dieses Jahres – hat hierzu eine kluge Einsicht beigesteuert. Zitat:

Wir können unsere Probleme nicht mit den Denkmustern lösen, die zu ihnen geführt haben.

Wie wahr! Und wie beherzigenswert! Den Politikern ins Stammbuch! Das Gleiche galt auch für die immensen Probleme der Nach-Hitler-Zeit! Diese nicht mit den alten, sondern mit »neuen Denkmustern« anzugehen und zu lösen, so definierte ich auch meine eigenen politischen Intentionen. (…)

Nun aber stehen wir nach 60 Jahren an der Schwelle zu einer neuen Epoche und vor der Frage, wie es gelingen kann, dass auch kommende Generationen das dunkelste Kapitel unserer deutschen Geschichte als Warnung begreifen, wenn alle Schrecken und alles Un-Heil verblasst und alle unmittelbare Betroffenheit mangels Zeitzeugen vergessen sein werden? Wie kann eine weiterwirkende Kultur der Erinnerung entstehen, ein mahnendes »Memento«, ein: Seid und bleibt wachsam! Eine Art Kodex unserer politischen Erfahrungen, eingeschlossen die Irrtümer und Verhängnisse, die zu den Schrecken und Verbrechen der NS-Zeit und ihren Folgen geführt haben. Was wir also brauchen und woran wir arbeiten müssen ist: Geschichtsverantwortung im Geiste Schillers!

Hier stehen wir vor einer demokratiepolitisch und demokratiepädagogisch eminent wichtigen Aufgabe, die auch für Universitäten gestellt ist. Vor sogenannter »Normalität«, das heißt Gleichgültigkeit und/oder Unzuständigkeit für weiterwirkende Verantwortung muss durch Aufklärung in Forschung und Lehre gewarnt werden! Dabei kann und soll auch an das Leid der Flüchtlinge, Vertriebenen und der Opfer von Bombenangriffen erinnert werden. Auch dieses Leid gehört zu unserer Geschichte. Das Gedenken darf aber nicht als »Aufrechnung« des eigenen Leids gegen die von Deutschen verübten Untaten und Verbrechen missbraucht, relativiert oder gar verrechnet werden. Damit tun wir uns noch schwer. Dennoch: beides kann gelingen, wenn wir uns aufrichtig darum bemühen.

Notwendig ist es auch, alte und junge Menschen vor den Folgen eines neuerlichem Wegsehens und Vergessens zu warnen und damit vor NS-Parolen im neuen Gewand zu immunisieren. Jedoch: Ein nachhaltiges Geschichtsverständnis – hier vor allem für unsere Zeitgeschichte – lässt sich weder durch Doku-Thriller im Fernsehen noch durch ein einstündiges Lernfach pro Woche vermitteln. Es muss zu einem zivilbürgerlichen Bildungs- und Erziehungsauftrag aufgewertet werden, wie wir ihn mit dem Förderprogramm *Demokratisch handeln*, wie wir ihn, gemeinsam mit zunehmend engagierten Lehrern – ab heute mit der in Jena stattfindenden »15. Lernstatt Demokratie« erproben. Denn wie anders als durch zeitgeschichtlichen Rückbezug können wir Heranwachsenden erklären, was es mit den NS-Parolen auf sich hatte und wohin sie geführt haben. Das Kalkül der alt-neuen Rechten und ihrer nicht wenigen »fellow-travellors«, unter der NS-Vergangenheit einen endgültigen »Schlussstrich« zu ziehen, sobald keine Opfer dieser Zeit mehr leben, diese perfide Hoffnung darf sich keinesfalls erfüllen! Meine These: Die Ausbreitung des Rechtsextremismus kann nur eingedämmt werden, wenn wir nicht nur Abscheu demonstrieren, sondern seine vergifteten ideologischen Wurzeln immer wieder aufdecken und seine populistisch getarnten Parolen mit geschichtlichen Tatsachen offensiv widerlegen. (…)

Haben wir uns nach 1945 unserer politischen Geschichte gewissenhaft gestellt und aus ihren Irrtümern gelernt? Haben wir unser Bestes getan, um die künftige Geschichte sinnvoller zu machen? – Ja, wir haben viel gelernt! Wir haben eine funktionsfähige, (wenn auch unter Reformfähigkeits- und Glaubwürdigkeitsdefiziten leidende) Demokratie und einen (gelegentlich beinahe über-) funktionierenden Rechtsstaat geschaffen, wir halten Frieden mit unseren europäischen Nachbarn und bemühen uns, zum Frieden in der Welt beizutragen. Wir haben uns, wenn auch oft verspätet, um Entschädigung und Wiedergutmachung in unserem Namen begangenen Unrechts und begangener Verbrechen bemüht. Ja, ich denke, wir haben aus unseren Irrtümern gelernt, aber: wir haben noch nicht ausgelernt! Der Auftrag, die »sinnlose Tragik unserer Geschichte als Aufgabe zu begreifen und unser Bestes zu tun, um künftige Geschichte sinnvoller zu machen«, bleibt gestellt. Dieser Auftrag gilt für uns alle, auch und vor allem für die Schulen und Hochschulen unseres Landes – für ihre Lehrenden und Lernenden. In ganz besonderer Weise gilt er jedoch für die Universität, die den Namen des großen deutschen Aufklärers und Wegbereiters der Freiheit – Friedrich Schiller – trägt. – Ich bin dankbar und wäre glücklich, wenn ich mit meiner Vorstellungsrede als Ihre *doktoressa honoris causa* ein kleines Scherflein dazu beitragen konnte.

Textnachweise

Wahlkampf 1948, entnommen aus: Hildegard Hamm-Brücher, *Gegen Unfreiheit in der demokratischen Gesellschaft* (München 1968).

Über den Mut zur kleinen Utopie, entnommen aus: Hildegard Hamm-Brücher, *Kämpfen für eine demokratische Kultur* (München 1986); abgedruckt mit freundlicher Genehmigung des Piper Verlags.

Redebeitrag zum Konstruktiven Misstrauensvotum vom 1. Oktober 1982, entnommen aus: Deutscher Bundestag, Stenografische Berichte, 118. Sitzung, Bonn, Freitag, den 1. Oktober 1982, S. 7195–7197.

Zeittafel mit einer Auswahl von Veröffentlichungen

1921 Am 11. Mai in Essen als drittes von fünf Geschwistern geboren. 1931 und 1932 Tod der Eltern

1927–1939 Schulbesuch in Berlin, Dresden und in Salem am Bodensee; 1939 Abitur am Mädchengymnasium in Konstanz

1940–1945 Nach Arbeitsdienst Chemiestudium an der Münchner Ludwig-Maximilians-Universität; 1945 Promotion bei Nobelpreisträger Heinrich Wieland zum Dr. rer. nat. über *Untersuchungen an den Hefemutterlaugen der technischen Ergoterin-Gewinnung*

1945–1949 Wissenschaftliche Mitarbeiterin und Redakteurin bei der *Neuen Zeitung* in München

1948–1954 Stadträtin in München

1949–1950 Stipendium für ein Studium der Politischen Wissenschaften an der Harvard University (USA)

1950–1966 Landtagsabgeordnete in Bayern; Veröffentlichung des ersten Buches: *Auf Kosten unserer Kinder* (1965) über die Situation der Schulen in den Bundesländern

1954 und 1959 Geburt der Kinder Florian und Miriam Verena

1956 Eheschließung mit Dr. Erwin Hamm, berufsmäßiger Stadtrat der CSU in München (gestorben 2008)

1963–1976 Mitglied des FDP-Bundesvorstands, zeitweise des Präsidiums und stellvertretende Bundesvorsitzende

1964 Gründung der Theodor-Heuss-Stiftung; Vorsitzende bis 2004

1967–1969 Staatssekretärin im Hessischen Kultusministerium; in diesem Zeitraum erscheinen: *Aufbruch ins Jahr 2000 oder Erziehung im technischen Zeitalter* (1967); *Gegen Unfreiheit in der demokratischen Gesellschaft* (1968); schon 1965: *Reise durch die Pädagogischen Provinzen der Bundesrepublik und Berlin*

1969–1972 Staatssekretärin im Bundesministerium für Bildung und Wissenschaft

1970–1976 Landtagsabgeordnete in Bayern, Fraktionsvorsitzende; Veröffentlichungen: *Reform der Reform* (1973) und *Bildung ist kein Luxus* (1976)

1974–1988 Mitglied des Präsidiums des Deutschen Evangelischen Kirchentags (EKD)

1976–1982 Staatsministerin im Auswärtigen Amt; Schwerpunkte: Auswärtige Kulturpolitik, Europa, Stellvertreterin von Außenminister Hans-Dietrich Genscher; Veröffentlichung 1980: *Kulturbeziehungen – weltweit.* Mitglied des Deutschen Bundestags; September/Oktober 1982 Bruch der sozialliberalen Koalition; Veröffentlichung 1983: *Der Politiker und sein Gewissen. Eine Streitschrift für mehr parlamentarische Demokratie*

1984–1990 Sprecherin der Interfraktionellen Initiative »Parlamentsreform«; Rückkehr in den Bundesvorstand und das Präsidium der FDP; Veröffentlichungen: 1986 erscheint die Textsammlung *Kämpfen für eine demokratische Kultur* und 1990: *Der freie Volksvertreter – eine Legende?*

1985–1990 Stellvertretendes Mitglied der 7. EKD-Synode

1990 Rückzug aus der aktiven Politik; Veröffentlichung 1991: *Wider die Selbstgerechtigkeit. Nachdenken über Sein und Schein der Westdeutschen*

1993 Bundesverdienstkreuz mit Stern und Schulterband

1994 Kandidatur für das Amt der Bundespräsidentin

Seit 1995 Ehrenbürgerin der Stadt München; 1996 Veröffentlichung der Autobiographie: *Freiheit ist mehr als ein Wort. Eine Lebensbilanz; Zerreißt den Mantel der Gleichgültigkeit* (1998); *Erinnern für die Zukunft* (2001)

2002 Am 22. September Austritt aus der FDP nach vierundfünfzigjähriger Mitgliedschaft

2002 und 2004 Geburt der Enkelkinder

2003 Verleihung der Auszeichnung »Frau des Jahres«

2005 Verleihung des Heinz-Galinski-Preises für Verdienste um die deutsch-jüdische Verständigung

2010 Eugen-Kogon-Preis für »Gelebte Demokratie«; Stiftung des »Münchner Bürgerpreises gegen Vergessen – für Demokratie«

2011 Moses Mendelssohn Medaille

Dank

Nun, da ich meinen Bericht über meine erlebte und gelebte Zeitgeschichte abgeschlossen habe, bin ich erleichtert und dankbar zugleich. Erleichtert darüber, dass ich es geschafft habe, meine politischen Lebenslinien noch einmal nachzuziehen; und sehr dankbar für die mannigfache Unterstützung, die mir dabei zuteil wurde.

Da sind zuerst und vor allem Tobias Winstel und Thomas Rathnow vom Siedler Verlag, die von Anbeginn mehr Vertrauen in mein Vorhaben setzten, als ich zeitweise selber hatte. Da ist Ursula Gebhard, die mir mit Schreibarbeiten und Korrekturen jederzeit stets freundlich und guter Dinge zur Seite stand. Zu nennen ist auch die Lektorin Regina Carstensen und, nicht zuletzt, der langjährige Betreuer meines umfangreichen politischen Nachlasses im Münchner Institut für Zeitgeschichte, Alexander Klotz, der häufig meinem Gedächtnis auf die Sprünge half, sowie die dortige Historikerin Edith Raim, die mich vor falschen Daten bewahrte. Ihnen allen schulde ich dankbare Erwähnung.

Meiner Tochter Miriam Verena aber schulde ich Dank für ihren liebevollen Beistand, ohne den ich mehr als einmal die Hoffnung aufgegeben hätte, pünktlich fertig zu werden.

So also ist dieses Buch, meine politische Lebensbilanz, mit Hilfe von vielen Mitbeteiligten zustande gekommen, und zu guter Letzt hoffe ich, dass es eine Brücke schlägt zwischen meiner über 60 Jahre erlebten und gelebten Zeitgeschichte und der politischen Gegenwarts- und Zukunftsgeschichte meiner Leserinnen und meiner Leser, denen ich auch weiterhin Freiheit, Frieden und die Verantwortung für beides wünsche!

Hildegard Hamm-Brücher
München-Harlaching im März 2011